기출

KB057493

TOEFL
Vocabulary

최신 기출 완벽 반영! 과목별 맞춤 학습!

류형진 ㅣ 시원스쿨어학연구소

추가 자료
Day별 단어의 원어민 MP3 QR코드
일반 학습 버전 & 집중 암기 버전

온라인 제공
기출 유의어 1000(온라인 제공)
점수를 바로 올려주는
기출 유의어 1000개 & Practice Test 200개

RL

Reading & Listening

시원스쿨 **LAB**

류형진

경력

現 시원스쿨LAB 토플 대표 강사
前 종로 YBM어학원 e4u 종로센터 토플 강사
前 강남 YBM어학원 토플 팀장
前 반포 USHER어학원 토플 팀장 (TOEFL/GRE)
前 UN군 통역장교

학력

연세대학교 영어영문학 석사 수료

동영상 강의

시원스쿨 토플 Vocabulary Reading & Listening
시원스쿨 토플 Vocabulary Speaking & Writing
시원스쿨 토플 Basic Reading
시원스쿨 토플 Basic Writing
시원스쿨 토플 80+ Writing
시원스쿨 토플 Actual Tests Reading

시원스쿨어학연구소

TOEFL/IELTS/TOEIC/TEPS/G-TELP/OPIc/TOEIC Speaking/SPA 베스트셀러 집필진, 시험영어 콘텐츠 개발 경력 10년 이상의 원어민 전문 연구원, 미국/호주/영국의 명문 대학원 석사 출신 영어 테스트 전문가들이 포진한 시험 영어 전문 연구 조직입니다. 본 연구소 연구원들은 매월 TOEFL은 물론, IELTS/TOEIC/TEPS/G-TELP/OPIc/TOEIC Speaking 등 주요 영어 시험에 응시하여 기출 문제를 철저하게 해부·분석함으로써 최신 출제 경향을 정확하게 꿰뚫고 있으며, 기출 문제 빅데이터 분석을 통해 효율적인 고득점이 가능한 학습 솔루션을 개발하고 있습니다.

TOEFL
Vocabulary

최신 기출 완벽 반영! 과목별 맞춤 학습!

시원스쿨 LAB

시원스쿨 토플 기출 보카
TOEFL Vocabulary

초판 1쇄 발행 2020년 8월 18일
개정 5쇄 발행 2024년 8월 1일

지은이 류형진 · 시원스쿨어학연구소
펴낸곳 (주)에스제이더블유인터내셔널
펴낸이 양홍걸 이시원

홈페이지 www.siwonschool.com
주소 서울시 영등포구 영신로166 시원스쿨
교재 구입 문의 02)2014-8151
고객센터 02)6409-0878

ISBN 979-11-6150-572-5 13740
Number 1-110505 -12120407-02

머리말

반갑습니다! 류형진 강사입니다.

시원스쿨어학연구소의 전폭적인 지원 덕분에 <시원스쿨 토플 Vocabulary>로 여러분들을 찾아 뵙게 되었습니다. 이제껏 토플 하나만을 집중 연구한 노하우로 기출 어휘들을 선정하고 기출을 반영하여 예문을 만들었습니다. 현장에서 강의를 진행하다 보면, 토플이라는 시험에 대해 학생 여러분이 받는 스트레스를 매일 느낄 수 있습니다. "영어로 말하기와 글쓰기까지 준비하는 중압감, 배경지식의 부재, 긴 독해지문을 읽어야 부담감 등, 처음 토플을 시작하는 사람들은 정말 얼마나 막막할까?"라는 생각에 늘 안타까웠습니다. 그 고민의 결과, 저는 토플에 직접 출제된 어휘와 예문으로만 구성된 실용적인 토플 어휘 전문서를 과목별로 특화하여 <Reading & Listening>와 <Speaking & Writing>편으로 만들겠다는 생각으로 작업을 시작했습니다.

토플을 처음 공부하시는 여러분께 제가 드릴 말씀은 "토플은 어휘로 충분히 정복할 수 있다"는 것입니다. 모든 과목에서 특정 장르별 출제가 되고, 각 장르에는 반복적으로 등장하는 단어의 무리(cluster)가 존재합니다. 그 어휘에 최적화된 유의어, 구문, 예문으로도 독해 지문 하나를 분석한 것과 같은 효과를 낼 수 있습니다. 어휘에 대한 이해로 충분히 네 과목을 대비할 수 있게 컨텐츠를 구성했습니다.

<시원스쿨 토플 Vocabulary>를 통해 토플을 처음 학습하시는 분들부터 단기간 내에 점수가 필요하신 분들까지 모두 목표 점수에 도달하여 꿈을 이룰 수 있기를 기원합니다.

류형진 드림

- 머리말
- 목차
- 시원스쿨 토플 Vocabulary 특징
- 토플(TOEFL) 소개
- 학습 플랜

Speaking & Writing

Independent Type 주제별 필수 어휘

Integrated Type 주제별 필수 어휘

📖 온라인 프리미엄 자료 (toefl.siwonschool.com)

- 표제어 원어민 MP3 ┌ 일반 학습 버전: 표제어 – 뜻 – 유의어
  └ 집중 암기 버전: 표제어 3회 반복
- 기출 유의어 1000 & Practice Test

Reading & Listening

기본 필수 어휘

주제별 필수 어휘

시원스쿨 토플 Vocabulary로 TOEFL 초급부터 실전까지 한 번에 정복!

1 최신 기출 경향 완벽 분석!

토플
기출 빅데이터 구축 ➡ 정답
관련 단어만 선별

목표 점수에 달성하려면 시험에 잘 나오는 것을 위주로 학습해야 빠르게 목표 점수에 도달할 수 있습니다. 시원스쿨어학연구소는 토플 시험 초기부터 가장 최근 시점까지의 빅데이터를 바탕으로 토플 기출 어휘 빅데이터를 구축하였습니다. 그리고 토플에 정답 단어 혹은 정답 근거가 되는 문장에 나왔던 단어들 위주로 선정하여, 실제로 문제를 풀면서 점수를 올릴 수 있는 어휘 학습을 할 수 있도록 구성하였습니다.

2 빠른 목표 점수 달성을 위해 정답과 관련된 기출포인트 모두 공개!

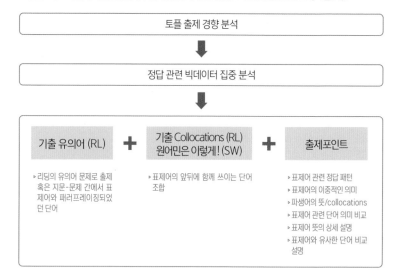

토플 출제 경향 분석

⬇

정답 관련 빅데이터 집중 분석

⬇

기출 유의어 (RL) ➕ **기출 Collocations (RL) 원어민은 이렇게! (SW)** ➕ **출제포인트**

▸ 리딩의 유의어 문제로 출제 혹은 지문-문제 간에서 표제어와 패러프레이징되었던 단어

▸ 표제어의 앞뒤에 함께 쓰이는 단어 조합

▸ 표제어 관련 정답 패턴
▸ 표제어의 이중적인 의미
▸ 파생어의 뜻/collocations
▸ 표제어 관련 단어 의미 비교
▸ 표제어 뜻의 상세 설명
▸ 표제어와 유사한 단어 비교 설명

토플은 정확한 독해 실력을 요하는 동시에 정답과 정답 근거가 이어지는 패턴이 있습니다. 따라서 단어 뜻을 정확히 아는 것을 기본으로, 이 뜻을 가진 단어와 연결되는 이러한 정답 패턴들을 단어 학습 때부터 표제어와 연결하여 숙지한다면 더 빠르게 토플 실전 감각을 익힐 수 있습니다. 시원스쿨 토플 Vocabulary 도서 학습을 통해 정답을 정확하게 찾기 위해 필요한 기출 포인트들을 한 번에 모두 학습할 수 있습니다.

3 과목별 맞춤 학습이 가능한 토플 보카 전문 학습서

 Reading & Listening   Speaking & Writing

전 과목 대비를 하면서도 과목별 특성에 맞게 학습할 수 있도록 Reading & Listening편과 Speaking & Writing편으로 나누어 구성하였습니다. 각 과목에서 요구하는 어휘 범위에 맞춰 주제별 혹은 문제 유형별로 학습을 할 수 있으며, 예문의 성격을 문제에서 접하는 예문과 학습 자분이 직접 사용해야 하는 예문으로 각 과목과 문제 유형에 맞게 제시해 토플을 처음 접하는 학습자라도 토플에 편하게 적응하면서 어휘를 익혀나가도록 하였습니다.

4 엄선된 Academic Basic Words

시원스쿨 토플 Vocabulary Reading & Listening의 Day 1~5에 해당하는 Academic Basic Words는 토플 시험의 80% 이상에서 출제되고 있는 기초적이면서도 중요한 단어들만을 엄선한 것입니다. 목표 점수를 달성하기 위해서는 이러한 기본적인 단어들을 정확하게 알고 있어야 합니다. 영어 입문 학습자라면 모든 단어를 꼼꼼하게 학습하고, 중급이상 학습자는 각 표제어와 뜻을 확인하여 몰랐던 단어 위주로 선택적으로 학습하는 것이 좋습니다.

5 효과적인 All-in-One 학습을 위한 부가 장치

노트테이킹은 이렇게!	**노트테이킹은 이렇게!** [화살표] 화살표를 활용하여 'S → 대상'으로 필기한다. exercises → muscles, blood circulation
토플이 좋아하는 전공 기초 지식	**토플이 좋아하는 전공 기초 지식** habitable zone(생명체 거주 가능 구역)은 생명체가 살아갈 수 있는 조건을 지닌 우주 공간을 말하는 용어이다. 이를 위해 다양한 조건이 필요한데 그 중 하나가 태양과의 적절한 거리이다.
영작에 유용한 배경 지식	**영작에 유용한 배경 지식** 운동을 하면 단순히 몸의 근력이나 능력이 향상되는 것뿐만 아니라, 사람들과 의 관계 개선, 긍정적 사고, 기억력 증가 등 다양한 이점이 있다.

토플은 리딩을 제외한 모든 과목에서 음원이 활용되므로 실전 감각을 키울 수 있도록 노트테이 킹 방법을 제시하였습니다. 표제어와 관련된 빈출 주제의 기초 전공 지식을 제공하여 어렵게만 느껴졌던 토플 지문을 좀 더 쉽게 이해할 수 있도록 도와줍니다. 또한, Speaking & Writing 편에서는 표제어와 관련된 영작 스킬을 제공합니다. 답변 내용을 구성하거나 말을 이어가는 데 막연한 어려움을 갖고 있는 학습자들에게 직접적인 조언을 제공하여 토플을 좀 더 쉽게 학습 할 수 있습니다.

시원스쿨 토플
Vocabulary 구성 – Speaking & Writing

단어 학습

○ 출제빈도
★★★ 최근 5년 출제빈도 최상
★★ 최근 5년 출제빈도 상
★ 역대 출제빈도 상

○ 예문
실제 시험에서 가장 많이 쓰이는 뜻을 토대로 토플 지문 경향을 반영한 예문

○ 기출 표제어
토플 기출 어휘

○ 뜻
토플에서 주로 쓰이는 표제어의 뜻

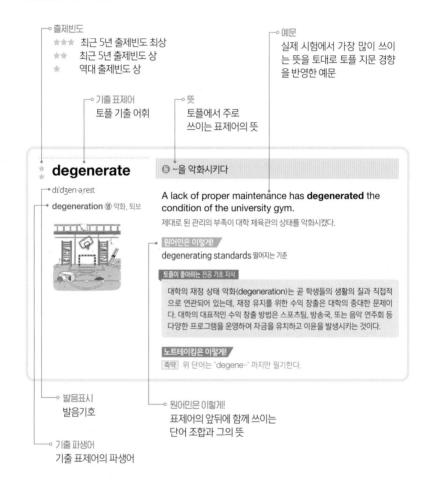

★
degenerate
○ dɪ́dʒen·əˌreɪt
○ degeneration ⑲ 악화, 퇴보

⑧ ~을 악화시키다

A lack of proper maintenance has **degenerated** the condition of the university gym.
제대로 된 관리의 부족이 대학 체육관의 상태를 악화시켰다.

원어민은 이렇게!
degenerating standards 떨어지는 기준

토플이 좋아하는 전공 기초 지식
대학의 재정 상태 악화(degeneration)는 곧 학생들의 생활의 질과 직접적으로 연관되어 있는데, 재정 유지를 위한 수익 창출은 대학의 중대한 문제이다. 대학의 대표적인 수익 창출 방법은 스포츠팀, 방송국, 또는 음악 연주회 등 다양한 프로그램을 운영하여 자금을 유치하고 이윤을 발생시키는 것이다.

노트테이킹은 이렇게!
축약 위 단어는 'degene-' 까지만 필기한다.

○ 발음표시
발음기호

○ 원어민은 이렇게!
표제어의 앞뒤에 함께 쓰이는 단어 조합과 그의 뜻

○ 기출 파생어
기출 표제어의 파생어

Step 2 단어 복습

Brief Review

Speaking & Writing 단어 학습 목표는 어휘의 정확한 뜻 뿐만아니라 빈출 collocation (함께 쓰이는 단어들의 결합)을 파악해야 합니다. 각 어휘의 collocation을 빠르게 연결시킬 수 있다면 어휘 학습 Clear!

Special Steps 특별 코너

Speaking & Writing 특별 코너

토플 시험에서 바로 사용할 수 있는 스피킹 혹은 라이팅 샘플 답안을 읽으며 앞서 배운 단어의 뜻도 확인할 수 있어 학습 효과를 최대로 할 수 있는 코너입니다. 빈출 주제를 다루면서도 다양한 주제를 활용하여 작성되었기 때문에 샘플 답안을 통째로 외운다면 든든한 토플 자산이 됩니다.

 **프리미엄 온라인 자료**

기출 유의어 1000과 Practice Test (PDF)

토플에는 확실한 보카 문제 유형이 있습니다. Reading 파트의 보카 문제 유형에서 빈출된 단어 1000개를 한 데 모아 학습 편의를 높였습니다. 실제 지문과 비슷한 예문으로 실전 연습을 바로 할 수 있는 Practice Test(200문제)도 제공하니 온라인에서 다운로드 후 꼭 활용하세요!

2가지 버전의 음원 (MP3)

원어민의 발음을 직접 확인할 수 있는 음원은 일반 학습 버전과 집중 암기 버전 두 가지가 있습니다.

▸ 일반 학습 버전: 표제어 – 뜻 – 유의어
▸ 집중 암기 버전: 표제어 3회

각 Day 앞에 있는 QR코드는 학습 버전 음원으로 스트리밍으로 학습할 수 있습니다. Day별 학습이 완료된 후 집중 암기 버전을 활용해보세요. 원어민이 세 번 읽는 동안 단어의 뜻을 떠올려보세요. 단어가 더 오래 기억에 남을 것입니다.

MP3 활용법

어휘 학습은 소리로 함께 해야 효과적입니다. 원어민이 녹음한 Day별 단어를 수시로 듣고 따라 하는 연습을 집중적으로 한다면, 어휘 암기가 더욱 쉬워집니다! 도서의 MP3는 다음 두 가지 방법으로 이용하실 수 있습니다.

MP3 다운로드

toefl.siwonschool.com ➡ 교재/MP3
교재/MP3 페이지의 과목명 탭에서 「토플」 클릭 후 「시원스쿨 토플 Vocabulary」 찾기

QR코드 인식

각 Day 앞에 있는 QR코드 인식 (이때 전체 목록 을 누르면, 모든 Day의 음원 파일 목록이 나옵니다!)

시원스쿨 토플 기출 VOCA Reading & Listening

NO	차시명
1	(일반 학습 버전) Day 1 [RL_day_1.mp3]
2	(일반 학습 버전) Day 2 [RL_day_2.mp3]
3	(일반 학습 버전) Day 3 [RL_day_3.mp3]
4	(일반 학습 버전) Day 4 [RL_day_4.mp3]

토플(TOEFL) 소개

토플(TOEFL, Test of English as a Foreign Language)은 ETS(Educational Testing Service)가 미국 대학에서 수학할 비영어권 학생을 선별하기 위해 개발한 영어 능력 평가 시험입니다. 현재 미국, 캐나다, 호주 등 전세계 150개 이상의 국가에 속한 10,000개가 넘는 기관들이 토플 점수를 인정하고 있습니다. 비록 토플이 영어권 대학 입학에 필요한 영어 능력을 측정하기 위한 시험으로 개발되기는 했지만, 많은 기관들이 학문적인 영어 실력 뿐만 아니라 일반적인 영어 실력을 판단하는 척도로 토플 점수를 인정하고 있습니다. 특히, 국내에서는 대학 및 대학원 진학은 물론, 카투사(KATUSA)와 어학병 지원 자격 요건으로 활용하고 있습니다.

토플은 미국을 비롯한 영어권 국가의 대학 수업을 듣는 데 필요한 영어 실력을 측정하는 시험이므로 대학 학부 강의 수준에 준하는 학문적인(Academic) 내용을 주로 다룹니다. 또한 Listening(듣기), Speaking(말하기), Writing(쓰기) 영역에서는 학문적인 주제 외에도 대학 정책이나 전반적인 대학 생활과 관련해 직원과 학생, 학생과 교수, 또는 학생과 학생 사이에서 일반적으로 발생 가능한 여러 상황들을 다룬 내용도 등장합니다.

시험 응시

TOEFL 응시료, 접수 및 진행 방법은 국가마다 조금씩 차이가 있습니다. 따라서 정확하고 자세한 정보는 시험을 접수하기 전 공식 홈페이지를 통해 확인해야 합니다. 아래 정리된 내용은 국내에 해당하는 응시 사항들입니다.

공식 접수처	ETS 홈페이지를 통해 온라인/전화/우편으로 접수 가능 * 온라인 접수: https://v2.ereg.ets.org/ereg/public/jump?_p=TEL
응시료	$ 220
시험 접수 준비물	여권 (성적발표일까지 유효기간이 남은 여권) 시험 접수할 때 사용한 여권을 시험 당일에 지참해야 함
성적 발표	응시일로부터 6일 후 온라인으로 점수 확인 가능 (종이 사본의 사전 신청 시 응시일로부터 약 11일 이내에 우편으로 성적표 사본 발송)
공식 성적표 발송	응시일로부터 약 6~11일 후에 전송

▸자세한 사항은 토플 공식 홈페이지에서 확인 (ETS TOEFL https://www.ets.org/ko/toefl/test-takers/)

시험 영역과 평가 방식

토플의 시험 과목은 Reading, Listening, Speaking, Writing으로 총 4개의 영역으로 구성됩니다.
각 과목당 30점 배점되어 만점은 120점이며, 총 시험 시간은 약 2시간입니다.

영역	지문 및 문제 수	시간	배점
Reading	총 2개 지문 (한 지문에 10문제씩 출제)	총 35분	0~30점
Listening	총 2개 대화 + 강의 3개 (대화 하나에 5문제, 강의 하나에 6문제씩 출제)	총 36분	0~30점
Speaking	총 4문제 (독립형 1번, 통합형 2, 3, 4번)	총 16분	0~30점
Writing	총 2문제 (통합형 1번, 토론형 2번)	총 29분	0~30점

재채점

Writing과 Speaking은 사람이 채점하는 과정에서 발생 가능한 오류와 관련해 재채점(Score Review)을 신청할 수 있습니다. 재채점은 시험 응시일 이후 30일 이내에 신청 가능하고, 한 시험에 한 번만 할 수 있으며 영역마다 $80의 비용이 발생합니다. 즉, Speaking과 Writing 중 하나만 신청하면 $80, 둘 다 신청하면 $160입니다. 보통 결제 후 1~3주의 기간 내에 재채점 결과를 알 수 있습니다. 다만, 실제로 재채점을 신청해서 점수가 오르는 경우는 극소수이며, 오히려 점수가 내려가기도 하므로 신중하게 생각하고 신청해야 합니다. 또한 시험 접수 시에 성적표 제출 대학 또는 기관에 성적표가 직접 보내지도록 신청을 한 경우에는 재채점 신청이 불가능합니다.

MyBest Scores

2019년 8월 이후 시험 성적표에는 두 가지 시험 성적이 제시됩니다. 하나는 시험 응시일의 시험 점수이고, 또 하나는 2년 동안 본 자신의 시험 점수 중에 영역별 최고 점수만 모아 둔 MyBest Scores, 즉 나의 최고 점수입니다.

만일 2020년 3월 28일에 Reading 20점, Listening 20점, Speaking 18점, Writing 17점, 총 75점의 점수를 받은 수험생이 2020년 5월 8일에 Reading 18점, Listening 19점, Speaking 20점, Writing 20점, 총 77점의 점수를 얻었다면, 이 수험생 성적표에는 2020년 5월 8일 성적과 함께, MyBest Scores로 Reading 20점, Listening 20점, Speaking 20점, Writing 20점, 총 80점의 성적도 기재됩니다.

유의할 점은, MyBest Scores를 모든 대학과 기관이 인정하는 것은 아니므로 자신이 지원하는 학교의 프로그램에서 이 점수를 인정하는지 반드시 확인해야 한다는 것입니다.

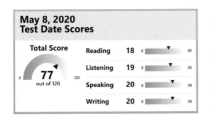

시험 점수

토플은 각 영역에 대해 30점 만점으로 총 120점이 만점이며 시험 점수는 응시일로부터 2년 동안 유효합니다. 토플 점수 계산은 영역별로 차이가 있습니다. Reading과 Listening의 경우, 객관식이므로 컴퓨터가 채점을 합니다. 획득한 점수를 총점으로 나누어 정답 %를 계산한 후, 점수 환산표에서 자신의 정답 %를 30점 만점 기준으로 환산한 값이 토플 Reading 또는 Listening 점수가 됩니다. 참고로, 다음 환산표는 시험 난이도에 따라 약간의 오차가 발생할 수 있습니다.

Reading & Listening 점수 환산표

%	점수
96 ~ 100	30
86 ~ 95	28-29
76 ~ 85	26-27
66 ~75	22-25
56 ~ 65	18-21
46 ~ 55	13-17
36 ~ 45	8-12
26 ~ 35	3-7
20 ~ 25	1-2
15 ~ 20	0-1
0 ~ 15	0

반면 Speaking과 Writing은 사람과 컴퓨터가 나눠서 채점합니다. 사람이 내용과 전개 등 언어에 대한 전체적인(holistic) 관점에서 채점하고, 컴퓨터는 발음과 강세 등의 언어 특징을 분석적인 (analytic) 관점에서 채점합니다. 참고로, Speaking과 Writing은 복수의 채점관이 채점한 점수의 평균이 반영되는 경우 제시된 환산표와 약간의 차이가 있을 수 있으며, 이에 따라 표에 나타나지 않은 점수(예: 26점, 16점)도 나올 수 있습니다.

Speaking 점수 환산표		Writing 점수 환산표	
평균값	점수	평균값	점수
4.00	30	5.00	30
3.75	28-29	4.75	29
3.50	27	4.50	28
3.25	24-26	4.25	27
3.00	23	4.00	25
2.75	20-22	3.75	24
2.50	19	3.50	22
2.25	17-18	3.25	21
2.00	15	3.00	20
1.75	13-14	2.75	18
1.50	11	2.50	17
1.25	9-10	2.25	15
1.00	8	2.00	14

학습 플랜

학습 플랜을 밀리지 않으려면 매일 일정한 시간을 공부 시간으로 정하여 학습하는 것을 권장합니다. 그리고 단어 학습은 반복 학습이 필수이므로 최소 2회 이상 학습을 하는 것이 중요합니다.

권장 학습 방법

| 1회차 학습 | 차근차근 모든 단어 학습하며 단어의 정확한 의미 파악에 중점 |

발음, 뜻과 유의어, 예문과 기출 collocation, 빅데이터가 알려주는 출제포인트, 파생어 순으로 확인하며 단어 쓰임을 파악합니다. 뜻을 아는 단어라도 내용을 읽고 다음 단어로 넘어갑니다.

단어와 뜻을 소리 내어 2번 이상 읽고 다음 단어 학습으로 넘어갑니다.

모든 단어 학습이 끝나면 Brief Review로 복습합니다.

맨 앞장으로 가서 사진 옆의 Day별 단어 목차를 봅니다. 단어를 읽고 뜻을 말해보며 모르는 단어는 표시합니다.

표시된 모르는 단어는 수시로 반복 확인합니다.

| 2회차 학습 | 모르는 단어 위주로 학습하며 영문 내용에 중점 |

단어와 뜻을 소리내어 2번 이상 읽으며 예문과 기출 collocation의 영문을 보며 뜻을 해석해봅니다.

빅데이터가 알려주는 출제포인트를 읽고 다음 단어로 넘어갑니다.

맨 앞장으로 가서 사진 옆의 Day별 단어 목차를 최종 확인을 해봅니다.

1개월 완성 학습 플랜

Reading & Listening(RL)과 Speaking & Writing(SW) 동시 학습

1회차 학습

Day 1	Day 2	Day 3	Day 4	Day 5
RL Day 1 SW Day 1	RL Day 2 SW Day 2	RL Day 3 SW Day 3	RL Day 4 SW Day 4	RL Day 5 SW Day 5
Day 6	Day 7	Day 8	Day 9	Day 10
RL Day 6 SW Day 6	RL Day 7 SW Day 7	RL Day 8 SW Day 8	RL Day 9 SW Day 9	RL Day 10 SW Day 10
Day 11	Day 12	Day 13	Day 14	Day 15
RL Day 11 SW Day 11	RL Day 12 SW Day 12	RL Day 13 SW Day 13	RL Day 14 SW Day 14	RL Day 15 SW Day 15
Day 16	Day 17	Day 18	Day 19	Day 20
RL Day 16 SW Day 16	RL Day 17 SW Day 17	RL Day 18 SW Day 18	RL Day 19 SW Day 19	RL Day 20 SW Day 20

2회차 학습

Day 21	Day 22	Day 23	Day 24	Day 25
RL Day 1~4	RL Day 5~8	RL Day 9~12	RL Day 13~16	RL Day 17~20
Day 26	Day 27	Day 28	Day 29	Day 30
SW Day 1~4	SW Day 5~8	SW Day 9~12	SW Day 13~16	SW Day 17~20

2개월 완성 학습 플랜

Reading & Listening(RL)과 Speaking & Writing(SW) 순차 학습

Reading & Listening 1회차 학습

Day 1	Day 2	Day 3	Day 4	Day 5
RL Day 1	RL Day 2	RL Day 3	RL Day 4	RL Day 5
Day 6	Day 7	Day 8	Day 9	Day 10
RL Day 6	RL Day 7	RL Day 8	RL Day 9	RL Day 10
Day 11	Day 12	Day 13	Day 14	Day 15
RL Day 11	RL Day 12	RL Day 13	RL Day 14	RL Day 15
Day 16	Day 17	Day 18	Day 19	Day 20
RL Day 16	RL Day 17	RL Day 18	RL Day 19	RL Day 20

Reading & Listening 2회차 학습

Day 21	Day 22	Day 23	Day 24	Day 25
RL Day 1~2	RL Day 3~4	RL Day 5~6	RL Day 7~8	RL Day 9~10
Day 26	Day 27	Day 28	Day 29	Day 30
RL Day 11~12	RL Day 13~14	RL Day 15~16	RL Day 17~18	RL Day 19~20

Speaking & Writing 1회차 학습

Day 31	Day 32	Day 33	Day 34	Day 35
SW Day 1	SW Day 2	SW Day 3	SW Day 4	SW Day 5
Day 36	Day 37	Day 38	Day 39	Day 40
SW Day 6	SW Day 7	SW Day 8	SW Day 9	SW Day 10
Day 41	Day 42	Day 43	Day 44	Day 45
SW Day 11	SW Day 12	SW Day 13	SW Day 14	SW Day 15
Day 46	Day 47	Day 48	Day 49	Day 50
SW Day 16	SW Day 17	SW Day 18	SW Day 19	SW Day 20

Speaking & Writing 2회차 학습

Day 51	Day 52	Day 53	Day 54	Day 55
SW Day 1~2	SW Day 3~4	SW Day 5~6	SW Day 7~8	SW Day 9~10
Day 56	Day 57	Day 58	Day 59	Day 60
SW Day 11~12	SW Day 13~14	SW Day 15~16	SW Day 17~18	SW Day 19~20

독립형 주제별 필수 어휘

Independent Type

'독립형'이라는 표현이 붙는 문제 유형은 보통 두가지이다. Speaking 1번 문제와 Writing 2번 문제(토론형)로, 많은 학생들이 시험장에서 주제를 접하고 짧은 시간 안에 브레인스토밍 후 곧바로 영작을 하면서 답을 만드는 독립형 유형을 부담스러워한다.

하지만 토플의 독립형 문제를 푸는 자세는 우리가 식당에서 메뉴를 정하는 것과 비슷하다. 뭘 먹을지 정하지 않고 가게 문을 열게 되면, 고민과 갈등이 앞설 것이고, 메뉴를 정해 둔 상태에서 가게에 들어가면 바로 주문을 할 수 있어 맛있게 먹을 준비만 하면 될 뿐만 아니라 고민하는 사람보다 더 빨리 주문한 메뉴를 받는 상황처럼 말이다.

Do you agree or disagree with the following statement?
College should invest in building a new library instead of renovating a gym.
다음 명제에 대해 동의하는가 아니면 동의하지 않는가?
대학은 체육관을 보수하는 대신 새 도서관을 짓는 데 투자해야 한다.

위와 같은 주제가 주어졌다고 생각해보자. 메뉴(주제)를 선택하지 않은 채로 식당(문제)을 들어간 학생은 도서관과 체육관에 대해 생각을 하기 시작할 것이다. 도서관은 학생들의 공부 환경이 좋아져 학문적인 성취감과 연결되고… 체육관은 학생의 건강과 연결되고… 어떤 게 더 중요한지 고민하는 시간을 갖는다. 즉 메뉴를 고르는 시간은 길어지고 갈등은 깊어질 수밖에 없다. 그러나 메뉴를 골라 둔 학생은 '학교 내 시설'과 관련한 문제가 나온다면 '성적 향상'을 주요 논점으로 삼겠다고 마음을 먹고 온 경우이다. 이 학생들은 도서관과 체육관이 성적 향상에 미치는 영향(장점과 단점)에만 집중하여 브레인스토밍을 남들보다 빠른 시간 내에 끝낼 수 있다.

그리고 신기하면서도 당연한 것은 이때 주제와 관련된 적절한 어휘를 미리 알고 있다면 브레인스토밍과 영작하는 시간이 더 빨라진다는 것이다. 말하기와 쓰기 영역의 강의 요약 문제에서 목표한 점수를 받기 위해서는 '적절한 어휘'를 구사하여야 한다는 사실은 토플 채점표(rubric)에도 등장하는 내용이다. 이번 챕터는 여러분이 토플에 자주 나오는 주제에 사용할 수 있는 좋은 '적절한 어휘'들을 미리 장전할 수 있도록 도와줄 것이다. 특히 예문도 중요하게 학습하길 바란다. 단어 앞뒤 표현을 통으로 외워 시험장에서 그대로 답변한다면 시험 시간이 훨씬 여유로워질 것이다.

DAY 1

School and Education
학교와 교육

awareness
encourage
eminent
digress
refine
willpower
practice
deed
extreme
extracurricular
incite
rapport
studious
bear
immerse
surroundings
alert
construe
constrain
prospective

일반 학습 버전

집중 암기 버전

awareness

ə'wer·nəs

aware 웹 알고 있는

웹 인식, 관심

Nowadays, educators are raising **awareness** about the special needs of students with learning disabilities.

요즘, 교육자들은 학습 장애가 있는 학생들의 특별한 요구에 대한 인식을 높이고 있습니다.

원어민은 이렇게!

raise awareness 인식을 높이다
a lack of awareness 인식의 부족

encourage

ɪn'kɜr·ɪdʒ

웹 ~을 장려하다

Small group work **encourages** each member to use his or her strengths to best contribute to the overall goals of the project.

소규모 그룹 과제는 그 프로젝트의 전체적인 목표에 가장 잘 기여하기 위해 각 구성원이 각자의 강점을 활용하도록 장려합니다.

원어민은 이렇게!

encourage A to do A에게 ~할 것을 장려하다

eminent

'em·ə·nənt

웹 저명한, 걸출한

By studying abroad, I had the opportunity to take classes taught by **eminent** scholars in my field.

유학을 함으로써, 저는 제 전공 분야의 저명한 학자들이 가르치는 수업을 들을 기회가 있었습니다.

digress

daɪ'gres

웹 (주제 등에서) 벗어나다

Discussion-based classes often **digress** from the main topic, so they rarely cover the same amount of material as lecture-based classes.

토론 기반 수업은 종종 주제로부터 벗어나기 때문에, 강의 기반 수업만큼 동일한 분량의 내용을 거의 다루지 못합니다.

refine

rɪˈfaɪn

⑧ ~을 개선하다

Educators spend years **refining** their lesson plans so that their lessons can address a variety of learning styles.

교육자들은 자신들의 수업이 다양한 학습 방식을 다룰 수 있도록 학습 계획을 개선하는 데 수년의 시간을 들입니다.

원어민은 이렇게!

refine understanding 이해를 돕다, 이해를 다듬다
refine the program 프로그램을 개선하다

고득점 리얼 TIP!

학습을 위한 가장 좋은 방법을 묻는 경우, 선생님/상급자/전문가와 관련된 것을 선택한 뒤, 그들의 전문성과 경험을 토대로 정보를 쉽게 가공하고 이해 수준을 향상시킬 수 있다(refine their understanding)는 점을 강조하면 좋은 점수를 받을 수 있다.

willpower

ˈwɪlˌpɑʊ·ər

⑲ 의지

A student who prepares extensively for an exam but still receives a poor mark may lose the **willpower** to continue their studies.

시험을 위해 폭넓게 준비하지만 여전히 좋지 않은 점수를 받는 학생은 학업을 지속할 의지를 잃을 수도 있습니다.

원어민은 이렇게!

have the willpower to do ~할 의지가 있다

practice

ˈpræk·tɪs

⑧ ~을 수행하다

Instead of lecture-based classes, both students and teachers should **practice** a strategy of open discussion and participation.

강의에 기반을 둔 수업 대신, 학생들과 교사 모두 열린 토론과 참여의 전략을 수행해야 합니다.

원어민은 이렇게!

practice reflection 반성하다, 되돌아보다
practice discrimination 차별하다

고득점 리얼 TIP!

이 단어는 '연습하다'라는 의미로 자주 쓰이지만, 그 외에도 '실행하다, 실시하다'와 같이 직접 참여해 노력을 기울이는 행위를 나타내는 것으로도 잘 쓰인다. 이러한 의미를 염두에 둔다면 영작할 때 더 잘 활용할 수 있다.

☆ deed

di:d

Scholarships, beyond providing financial assistance, motivate students to perform good **deeds** and give back to the communities that have supported them.

장학금은 재정적인 도움의 제공을 뛰어넘어 학생들에게 선행을 실천하고 그들을 지원해준 공동체에 보답하도록 동기를 부여해 줍니다.

원어민은 이렇게!

evil deeds 악행
doing good deeds 선행을 하는 것

☆ extreme

ɪk'striːm

extremely (부) 극도로, 극히

명 극단

Students at highly competitive institutions often go to **extremes** to achieve top marks.

매우 경쟁적인 교육 기관의 학생들은 최고 점수를 달성하기 위해 종종 극단으로 치닫습니다.

☆ extracurricular

ˌek·strə·kə'rɪk·jə·lər

형 과외의, 정식 학업 외의

New students can participate in **extracurricular** activities, such as a sports team, in order to make friends and better adjust to their new school.

신입생들은 친구를 사귀거나 새 학교에 더 잘 적응하기 위해 스포츠팀과 같은 과외 활동에 참여할 수 있습니다.

원어민은 이렇게!

extracurricular activities 과외 활동

고득점 리얼 TIP!

학생들의 학습 능력을 향상시킬 수 있는 방법에 대한 문제가 출제될 경우, 지나치게 책이나 공부에 관한 이야기를 하기보다 운동, 음악과 같은 과외 활동 (extracurricular activities)의 참여를 통해 스트레스를 줄이고, 사람들과의 교류를 통해 더욱 학습을 활성화할 수 있다는 점을 강조해주면 좋은 점수를 받을 수 있다.

incite

ɪnˈsaɪt

⑧ ~을 자극하다

Courses that are too challenging may **incite** a feeling of hopelessness in a student, which may have serious consequences for his or her academic goals.
너무 어려운 강의는 학생들의 좌절감을 자극할 수도 있는데, 이는 학생의 학업 목표에 심각한 결과를 초래할 수도 있습니다.

영작에 유용한 배경 지식

학교에서 진행되는 수업이나 프로젝트는 학생들의 다양한 능력을 키워주고 자극할 수도 있지만, 반대로 자칫 포기하게 만들거나 상처를 줄 수 있다.

rapport

ræpˈɔːr

⑲ (친밀한) 관계, 접촉

Sports and physical activities also help young people to build strong **rapport** with their peers.
스포츠와 체육 활동은 젊은이들이 또래와 끈끈한 관계를 형성하는 데도 도움을 줍니다.

원어민은 이렇게!

develop a good rapport 좋은 관계를 형성하다

studious

ˈstud·i·əs

⑲ 열심인, 학구적인

Teachers and school systems would prefer every student to be focused and **studious**, but this is rarely, if ever, the case.
교사들과 학교 시스템은 모든 학생이 집중하고 학구적이기를 선호하지만, 이는 좀처럼 볼 수 없는 경우입니다.

원어민은 이렇게!

studious care and attention 면밀한 보살핌과 관심

bear

beər

⑧ ~을 견디다

Students with difficult home lives may be unable to **bear** the additional stress put upon them by their college-prep courses.
가정 형편이 어려운 학생들은 대학 입시 준비 수업으로 인해 받는 추가적인 스트레스를 견디지 못할 수도 있습니다.

기출빅데이터가 알려주는 출제포인트

책임 등을 '떠맡다, 감당하다'라는 의미로도 사용할 수 있는 단어이다.
▸ bear the responsibility 책임을 지다

immerse

ɪˈmɜrs

⑧ ~에 몰두하다

Graduate students must fully **immerse** themselves in their studies and commit themselves to their academic lives.

대학원생들은 반드시 각자의 학업에 완전히 몰두하고 학구적인 생활에 전념해야 합니다.

원어민은 이렇게!

immerse oneself in ~에 완전히 몰두하다

---

surroundings

səˈraʊn·dɪŋz

⑨ 처지, 환경

Studies have shown that students learn better in comfortable **surroundings**, so some classrooms are now equipped with softer lighting and relaxing décor.

연구에 따르면 학생들이 편안한 환경에서 더 잘 배우는 것으로 나타났기 때문에, 오늘날 일부 강의실에는 더 부드러운 조명과 편안한 장식물이 갖춰져 있습니다.

원어민은 이렇게!

pleasant surroundings 즐거운 환경
familiar surroundings 친숙한 환경

---

alert

əˈlɜrt

alertness ⑨ 빈틈이 없음, 기민함

⑧ 기민한, 방심하지 않는

I believe school start times should be later because students are not **alert** enough in the early morning to effectively learn.

학생들이 효과적으로 학습하기에는 이른 아침에 충분히 기민하지 않기 때문에 학교 시작 시간이 늦춰져야 한다고 생각합니다.

원어민은 이렇게!

alert to ~에 민감한, ~에 방심하지 않는
restore mental 정신적 기민함을 깨우다

---

construe

kənˈstru

⑧ ~을 해석하다

A student's shyness or lack of participation may be **construed** as disinterest by a teacher.

학생의 수줍음이나 참여 부족은 선생님의 무관심으로 해석될 수도 있습니다.

constrain

kən'streɪn

constraint 명 제한, 속박

동 ~을 속박하다

A wide variety of economic and social factors **constrain** the learning potential of students in the region.

아주 다양한 경제적, 사회적 요소들이 해당 지역 내 학생들의 학업 잠재력을 속박합니다.

고득점 리얼 TIP!

현대 사회에서 제공되는 많은 정보가 유익한지 아니면 오히려 해가 되는가에 대한 주제가 종종 출제되는데, 정보의 긍정적인 면만 강조하기보다는 지나치게 많은 정보와 상호간의 교류가 사람들의 삶과 잠재력을 속박할 수 있다는 점을 함께 언급하면 좋은 답변을 만들 수 있다.

기출빅데이터가 알려주는 출제포인트

뒤에 t를 붙이면 명사형이 되므로 사용할 때 철자에 특히 유의하자.

prospective

prə'spek·tɪv

형 장래의

Most universities invite **prospective** students to tour their campuses, meet with faculty, and get a taste of the college experience.

대부분의 대학들은 장래의 학생들을 초대해 캠퍼스를 견학하고 교수진과 만나면서 대학 경험을 살짝 맛볼 수 있게 합니다.

원어민은 이렇게!

prospective students 장래의 학생들(예비 학생들)

✅ 빈칸에 들어갈 알맞은 표현을 박스에서 찾아보세요.

| ① rapport | ② extracurricular | ③ awareness |

1. 과외활동 _____ activities
2. 인식의 부족 a lack of _____
3. 좋은 관계를 형성하다 develop a good _____

✅ 앞서 배운 단어의 뜻을 생각하며 읽어보고 빈칸에 알맞은 단어를 박스에서 찾아보세요.

| ① encourages | ② refine | ③ constrain | ④ digress |

[1]First, participating in debate 4. _____ students to broaden their horizons. [2]In fact, defined contents in textbooks may 5. _____ students' learning. [3]It is not easy for students to question or see things differently with formal school-type instruction. [4]However, a debate encourages students to express their own ideas freely and argue for opposing viewpoints. [5]Also, debate requires them to listen to others and recognize their reasoning and evidence. [6]While listening critically to the other side's argument, students can 6. _____ their understanding of the topic and see things from different perspectives. [7]Even though discussion-based classes often 7. _____ from the main topic, many experts in the field of education support the idea that debate classes in schools expand students' thinking and allow them to explore issues through diverse approaches.

해석 1 첫째로, 토론에 참여하는 것은 학생들이 시야를 넓힐 수 있게 해줍니다. 2 실제로, 교재에서 규정된 내용은 학생들의 학습을 제한할 수 있습니다. 3 형식적인 학교 차원의 설명으로는 학생들이 의문을 갖거나 뭔가를 다르게 바라보는 것이 쉽지 않습니다. 4 하지만, 토론은 학생들에게 자유롭게 각자의 생각을 표현하고 반대 관점에 대해 주장을 펼치도록 장려합니다. 5 또한, 토론은 학생들에게 다른 사람들의 말을 듣고 자신의 논증과 증거에 주의를 기울이도록 요구합니다. 6 다른 쪽의 주장을 비판적으로 듣는 동안, 학생들은 주제에 대한 이해를 다듬고 다른 관점에서 바라볼 수 있습니다. 7 비록 토론 중심의 수업이 종종 주제로부터 벗어나기도 하지만, 교육 분야의 많은 전문가들은 학교의 토론 수업이 학생들의 사고를 확장시키고 다양한 접근을 통해 문제를 탐구할 수 있게 해준다는 견해를 지지하고 있습니다.

정답

1. ② 2. ③ 3. ①
4. ① 5. ③ 6. ② 7. ④

DAY 2

Children and Family
어린이와 가족

raise
sound
well-adjusted
formative
parental
overprotective
peer
knack
authoritarian
deserve
propriety
rebellious
personality
juvenile
adorable
inherit
recollection
reproach
puberty
lenient

일반 학습 버전

집중 암기 버전

✲ raise

reɪz

동 ~을 제기하다

The article **raises** an important point about the positive effects that multigenerational households have on children.

기사는 다세대 가정이 아이들에게 끼치는 긍정적인 효과에 관해 중요한 주장을 제기하고 있습니다.

동 ~을 키우다

To counter this argument, the professor states that, on average, it costs over $200,000 to **raise** a child from birth to the age of 17.

이 주장에 대한 반론으로, 교수는 평균적으로 한 아이가 태어나서 17살이 될 때까지 키우는 데 20만 달러가 넘게 든다고 말합니다.

고득점 리얼 TIP!

과거에 비해 현대 사회가 아이를 양육하기 더 힘들어졌는가를 묻는 주제가 종종 출제되는데, 현대의 기술발전으로 인해 아이를 키우는 데 필요한 정보의 접근성이 높아지고 교육 기관이 다양해졌다는 점을 바탕으로 답변을 만들 수 있다.

✲✲ sound

saʊnd

형 건강한, 타당한

Most young parents look to their own parents for **sound** advice regarding their new baby.

대부분의 젊은 부모들은 새로 태어난 아기와 관련해 자신들의 부모로부터 타당한 조언을 기대합니다.

원어민은 이렇게!
sound mind 건강한 정신
sound argument 타당한 주장

영작에 유용한 배경 지식

부모와 아이의 지속적인 대화와 교류는 아이의 정신 건강 뿐만 아니라 신체 건강에도 유익하다는 것으로 알려져있다.

✲✲✲ well-adjusted

ˌwel·əˈdʒʌs·tɪd

형 (정서적으로) 안정된

A stable and supportive childhood is essential for a person to become a **well-adjusted** and successful adult.

안정적이고 아낌없는 지원을 받는 어린 시절은 한 사람이 안정되고 성공적인 어른이 되는 데 필수적입니다.

formative

ˈfɔr·mə·tɪv

Video games can have a lasting impact on a child's
mental and emotional development, especially during
the **formative** years before puberty.

비디오 게임은 특히 사춘기 이전의 발달에 중요한 시기에서 아이의 정신적, 정서적
인 발달에 지속적인 영향을 끼칠 수 있습니다.

원어민은 이렇게!

a formative experience 발달에 중요한 경험(인격 형성에 영향을 미친 경험)
formative periods 발육기, 성장기

parental

pəˈren·təl

parent 명 부모

Children require different types of **parental** guidance
as they develop, and parents must be able to adapt to
these changes.

아이들은 성장하면서 다양한 종류의 부모의 지도를 필요로 하며, 부모는 반드시
이러한 변화에 적응할 수 있어야 합니다.

원어민은 이렇게!

parental advice 부모의 조언
parental influence 부모의 영향력

overprotective

ˌoʊ·vər·prəˈtek·tɪv

Overprotective parenting can result in the child failing
to develop a sense of independence.

과잉 보호하는 육아 방식은 아이가 독립심을 기르지 못하게 하는 결과를 초래할
수도 있습니다.

영작에 유용한 배경 지식

헬리콥터 부모(helicopter parents)가 자녀의 교육부터 의사결정까지 자녀
의 인생에 지나치게 간섭하는 것을 많은 전문가들이 우려한다.

▸ 헬리콥터 부모(helicopter parents): 자녀에게 지나친 잔소리를 하거나
학교 측에 지나친 간섭을 하며 심지어 자녀가 성인이 되어서도 직장에 간섭
을 하는 부모를 말한다.

peer

pɪər

명 또래, 동료

Watching TV is an easy way for children to relieve stress, and following popular shows can help them develop friendships with their **peers.**

TV 시청은 아이들이 스트레스를 풀 수 있는 한 가지 쉬운 방법이며, 인기 있는 프로그램을 보고 따르는 것이 또래와의 우정을 쌓는 데 도움이 될 수 있습니다.

> **영작에 유용한 배경 지식**
>
> 또래 압력(peer pressure)이란 청소년기 비슷한 연령의 집단이 그들의 암묵적인 규칙이나 행동으로부터 받는 사회적 압력을 말한다. 이는 청소년 개인의 의사 결정 뿐만 아니라 가치관, 태도 등에 영향을 미친다.

knack

næk

명 재주, 소질

Children who have a **knack** for sports should be encouraged to pursue them, but those who do not should not be forced to participate.

운동에 소질이 있는 아이들은 그것을 해 나가도록 격려 받아야 하지만, 그렇지 않은 아이들은 참여하도록 강요 받지 말아야 합니다.

> **원어민은 이렇게!**
>
> have a knack for ~하는 능력을 갖다

authoritarian

ə·θɔːr·əˈter·i·ən

authority 명 권위, 권한

형 권위주의적인

Typically, the father is more **authoritarian** while the mother is more compassionate; however, these traditional roles are changing.

일반적으로, 아버지가 더 권위주의적인 반면에 어머니는 더 온정적이지만, 이러한 전통적인 역할은 바뀌고 있습니다.

> **원어민은 이렇게!**
>
> authoritarian parents 권위주의적인 부모
> become increasingly authoritarian 더욱 권위주의적이 되다

deserve

dɪˈzɜrv

동 ~을 받을 자격이 있다

Every child **deserves** the right to pursue their own interests, so it's important that they be exposed to different types of art from an early age.

모든 아이는 자신의 흥미를 추구할 권리를 가질 자격이 있기 때문에, 어릴 때부터 여러 종류의 예술에 노출되는 것이 중요합니다.

> **원어민은 이렇게!**
>
> deserve attention 관심을 받을 자격이 있다
> deserve better 더 좋은 대접을 받을 자격이 있다

★ propriety

prə'prɑɪ·ɪ·ti

명 예의 바름

On top of providing a safe and supportive setting, a good parent will teach their child how to behave with **propriety**.

안전하고 지원을 아끼지 않는 환경을 제공하는 것 외에도, 좋은 부모는 아이들에게 예의 바르게 행동하는 방법을 가르쳐 줄 것입니다.

원어민은 이렇게!
behave with propriety 예의바르게 행동하다

영작에 유용한 배경 지식
많은 연구가 조부모와 함께 지내는 대가족의 경우 아이들이 더욱 성숙하고 예의가 바르며 책임감을 갖고 행동하는 경향이 있다는 결과를 보여주었다.

★ rebellious

rə'bel·jəs

rebellion 명 반항, 반란

형 반항적인

Teenagers may express their **rebellious** attitude through their fashion choices and musical tastes.

십대들은 자신의 패션 선택이나 음악적 취향을 통해 반항적인 태도를 표출할 수 있다.

영작에 유용한 배경 지식
아이들의 반항적 성향을 줄이면서도 자녀와의 관계를 개선하는 방안 중 하나로 가족간의 식사를 꾸준하게 진행하는 것이 효과적이라고 한다.

★ personality

ˌpɜr·sə'næl·ɪ·ti

명 성격, 인물

If a parent has a kind and generous **personality**, then the child will learn from their example.

만약 부모가 다정하고 너그러운 성격을 지니고 있다면, 아이도 부모를 본보기 삼아 배우게 될 것입니다.

원어민은 이렇게!
a warm personality 따뜻한 심성
appealing personality 매력적인 성격

juvenile

'dʒu·və,naɪl

형 청소년의

Having an imaginary friend is a typical **juvenile** behavior that helps a child to develop his or her creativity and social skills.

상상의 친구를 갖는 것은 아이의 창의력과 사교적 능력을 발전시키는 데 도움을 주는 전형적인 청소년의 행동입니다.

원어민은 이렇게!
juvenile crimes 청소년 범죄

명작에 유용한 배경 지식
청소년기에는 다양한 활동과 경험이 필요하며, 주변 사람들과 생각을 공유하고 함께 경험하는 것이 건강한 성장을 위해 필수적이라고 한다.

adorable

ə'dɔːr·ə·bl

형 사랑스러운

While most television shows should be avoided, educational cartoons featuring **adorable** characters teach important lessons to young children.

대부분의 TV 프로그램을 피해야 하기는 하지만, 사랑스러운 등장 인물들이 나오는 교육적인 만화는 어린 아이들에게 중요한 교훈을 가르쳐 줍니다.

원어민은 이렇게!
an adorable child 사랑스러운 아이

inherit

ɪn'her·ət

동 ~을 이어받다

Children not only **inherit** physical qualities from their parents but also personality traits.

아이들은 부모로부터 신체적인 특징 뿐만 아니라 성격적인 특성까지 물려받습니다.

원어민은 이렇게!
be genetically inherited 유전적으로 물려받다

recollection

,rek·ə'lek·ʃən

명 기억, 회상

To the best of my **recollection**, I started helping with household chores as soon as I was able to.

제가 기억하는 한, 저는 할 수 있게 되자마자 집안일을 돕기 시작했습니다.

원어민은 이렇게!
pleasant recollection 즐거운 추억

reproach

rɪˈprəʊtʃ

동 ~을 혼내다, 비난하다

How a child is **reproached** for their mistakes can severely impact their self-esteem.

한 아이가 실수에 대해 혼나는 방식은 자존감에 심각한 영향을 줄 수 있습니다.

원어민은 이렇게!
reproach oneself 스스로를 탓하다

영작에 유용한 배경 지식

정신분석학자인 프로이트(Freud)의 여러 가설 중 하나는 어릴 적 지나치게 혼나거나 학대받은 행위가 유아의 발달과 기억 형성에 큰 영향을 미칠 수 있다는 것이다.

puberty

ˈpju·bər·ti

명 사춘기

While some people believe the first twelve years of a person's life are the most important, I believe **puberty** is a much more influential time.

일부 사람들은 한 사람의 인생 중 첫 12년이 가장 중요하다고 생각하지만, 저는 사춘기가 훨씬 더 영향력 있는 시간이라고 생각합니다.

원어민은 이렇게!
at puberty 사춘기에

영작에 유용한 배경 지식

많은 청소년은 사춘기에 자신에게 조언을 하려는 부모보다 자신의 상황을 이해하고 공감해주는 친구들에게 영향을 많이 받는 것으로 알려져 있다.

lenient

ˈlin·jənt

형 관대한

Parents who adopted a more **lenient** approach to discipline report having healthier relationships with their adult children.

훈육에 있어서 더 관대한 접근 방식을 택한 부모들은 성인 자녀들과 더 건강한 관계를 맺는다고 전한다.

원어민은 이렇게!
a lenient attitude 관대한 태도

영작에 유용한 배경 지식

자녀가 무언가를 학습할 때 실수하는 것을 내버려둬야하는가에 대한 논쟁에 대해 많은 교육 전문가들은 부모가 아이의 잘못된 행동을 혼내고 지적하는 것보다 관대한 태도로 소통하고, 적극적으로 경청(listening)을 하는 것이 아이의 학습 능력 향상은 물론 부모와의 관계 개선에도 좋다고 한다.

Brief Review

✅ 빈칸에 들어갈 알맞은 표현을 박스에서 찾아보세요.

① juvenile	② formative	③ authoritarian

1. 권위주의적인 부모 _____ parents
2. 발육기, 성장기 _____ periods
3. 청소년 범죄 _____ crimes

✅ 앞서 배운 단어의 뜻을 생각하며 읽어보고 빈칸에 알맞은 단어를 박스에서 찾아보세요.

① sound	② raise	③ formative	④ deserve

[1]For many families, having a meal together has become a lost tradition because of their busy lives. [2]Long workdays, time-consuming commutes, and extracurricular activities make it difficult for families to have meals together. [3]However, sharing meals together on a regular basis is critical for children. [4]In particular, during the **4.** _____ years of childhood, families reap many physical and emotional benefits by having meals together. [5]In fact, home-cooked meals are healthier than meals made in restaurants or cafeterias. [6]According to research, children have healthier choices and appropriate portions of food when having meals with their families. [7]In addition, parents who **5.** _____ their children with regular family mealtimes have a stronger bond with them, and they are able to have more conversations where family values are shared. [8]This shows that children **6.** _____ family meals, which promote a **7.** _____ body and mind.

해석 1 많은 가정에서 함께 식사를 하는 것은 각자의 바쁜 생활로 인해 사라진 전통이 되었습니다. 2 늦게까지 이어지는 근무 일, 긴 시간이 소요되는 통근, 그리고 학과 수업 외의 활동들이 가정마다 함께 식사하는 것을 어렵게 만듭니다. 3 하지만, 주기적으로 함께 식사를 하는 것은 아이들에게 중요합니다. 4 특히, 아이의 어린 시절 **발달에 중요한** 기간 동안 가족이 함께 식사를 함으로써 여러 신체적, 정서적 혜택을 얻습니다. 5 실제로, 집에서 요리한 식사는 레스토랑이나 구내 식당에서 만든 식사보다 건강에 더 좋습니다. 6 연구에 따르면, 아이들은 가족과 함께 식사할 때 건강에 더 좋은 선택권을 갖고 적절한 양의 음식을 먹습니다. 7 게다가, 가족 간의 주기적인 식사 시간을 갖고 아이를 **기르는** 부모는 더 강한 유대감을 갖게 되며, 가족의 가치관을 공유하는 더 많은 대화를 나눌 수 있습니다. 8 이는 아이들이 **건강한** 신체와 마음을 활성화시키는 가족 간의 식사를 누릴 **자격이 있음**을 보여줍니다.

정답

1. ③ 2. ② 3. ①
4. ③ 5. ② 6. ④ 7. ①

DAY 3

Friends and Relationships
친구와 인간관계

bond
supportive
sympathize
acquaintance
abject
extrovert
proximity
debase
resent
quarrel
consideration
odd
struggle
common
solidarity
overt
candid
inseparable
recede
confide

일반 학습 버전

집중 암기 버전

bond

bɑnd

명 유대(감)

Since it is difficult to maintain strong **bonds** with multiple people, I believe it is better to only have one or two close friends.

다수의 사람들과 강한 유대감을 유지하는 것은 어렵기 때문에, 저는 오직 한두 명의 친한 친구들만 있는 것이 더 좋다고 생각합니다.

원어민은 이렇게!
a close bond between ~사이의 긴밀한 유대

영작에 유용한 배경 지식
인간관계의 유대감 형성에 있어 중요한 것 중 하나는 바로 공통점과 차이점의 존재이다. 공통점은 사람들이 더욱 많은 부분을 공감하고 즐거움을 제공해주는 반면 차이점이 많은 사람들은 서로에 대한 기대와 색다름에서부터 오는 즐거움이 존재한다고 한다.

---

supportive

sə'pɔːr·tɪv

support **동** 지지하다

형 힘을 주는

Students who reported having **supportive** friend groups earned fifteen percent higher scores on average.

힘이 되어주는 친구 그룹이 있다고 알린 학생들은 평균적으로 15퍼센트 더 높은 점수를 받았습니다.

원어민은 이렇게!
mutually supportive 서로 힘이 되어주는
supportive relationships 힘이 되어주는 관계

고득점 리얼 TIP!
어떤 친구가 학교 생활에 가장 큰 도움이 되는지를 묻는 주제가 빈출되고 있는데, 흥이 많거나 유쾌한(funny or humorous) 친구가 생활의 질을 높이는 데 도움이 될 뿐만 아니라 다양한 경험을 하게 해준다는 점을 기억한다면 보다 쉽게 답변을 만들 수 있다.

---

sympathize

'sɪm·pə͵θaɪz

sympathy **명** 공감, 동정

동 공감하다, 동정하다

My friends in university mostly came from wealthy families, so they couldn't always **sympathize** with my money problems.

제 대학교 친구들은 대부분 부유한 집안 출신이었기 때문에, 그들은 제 돈 문제에 항상 공감하지 못했습니다.

원어민은 이렇게!
deeply sympathize with ~에 깊게 공감하다

acquaintance

əˈkweɪn·təns

명 지인, 친분

Most adults, lacking close, long-lasting friendships, now depend on a loose network of coworkers and **acquaintances** to fill out their social lives.

가깝고 오래 지속되는 우정이 부족한 대부분의 성인들은 이제 그들의 사교 생활을 충족하기 위해 직장 동료 및 지인들과의 느슨한 관계에 의존합니다.

원어민은 이렇게!
old acquaintances 오래된 지인
social acquaintances 사회적인 친분
friends and acquaintances 친구와 지인

abject

ˈæb·dʒekt

형 비참한

Instead of bringing people together, social media has made people more aware of their **abject** loneliness.

사람들을 한데 어울리게 하는 대신, 소셜 미디어는 사람들이 각자의 비참한 외로움을 더 잘 인식하도록 만들었습니다.

원어민은 이렇게!
abject failure 비참한 실패
abject apology 겸허한 사과

extrovert

ˈek·strə·vɜːrt

반 introvert 내향적인 사람

명 형 외향적인 사람

A wide variety of social apps are especially useful for **extroverts** who always enjoy meeting new people.

아주 다양한 소셜 앱들이 새로운 사람을 만나는 것을 항상 즐기는 외향적인 사람들에게 특히 유용합니다.

원어민은 이렇게!
being an extrovert 외향적인 사람으로서

proximity

prɑkˈsɪm·ɪ·ti

명 (시간, 거리, 관계의) 근접

In addition, thanks to the Internet, friends no longer need to live in close **proximity** to each other to be a part of each other's lives.

게다가, 인터넷 덕분에, 친구들은 더 이상 서로 삶의 일부가 되기 위해 서로 근접한 거리에 살지 않아도 됩니다.

원어민은 이렇게!
in close proximity to ~와 가까이에

★★ **debase**

dɪˈbeɪs

ⓢ ~을 저하시키다

While a lack of trust in a friendship can cause a lot of problems, arguments over money will **debase** the relationship just as quickly.

우정 관계의 신뢰 부족은 많은 문제를 유발할 수 있으며, 돈 때문에 벌어진 논쟁은 그만큼 빠르게 관계를 저하시킬 것입니다.

★★ **resent**

rɪˈzent

resentment 명 분함, 분개

동 ~을 분개하다, 억울하게 여기다

A friend from childhood might **resent** the fact that you have made new friends in your adult life.

어린 시절의 친구는 여러분이 성년기에 새로운 친구들을 사귀었다는 사실을 분하게 여길 수도 있습니다.

원어민은 이렇게!

have a deep resentment against ~에 대한 깊은 불만을 갖다

★ **quarrel**

ˈkwɔːr·əl

동 언쟁하다

Roommates will **quarrel** over one issue or another, so it can be risky deciding to live with a close friend.

룸메이트는 이런저런 문제에 대해 언쟁하게 되므로, 가까운 친구와 함께 생활하기로 결정하는 것은 위험할 수도 있습니다.

원어민은 이렇게!

quarrel with ~와 다투다

★★★ **consideration**

kənˌsɪd·əˈreɪ·ʃən

consider 동 고려하다

명 고려, 배려

When I prepare gifts for my close friends, I put a lot of **consideration** into what I should give them.

제가 가까운 친구들에게 줄 선물을 준비할 때, 무엇을 주어야 하는지에 대해 많은 고려를 합니다.

원어민은 이렇게!

careful consideration 심사숙고

take A into consideration A를 고려하다

odd

ad

형 특이한

It might seem like an **odd** friendship for someone my age, but my closest friend is my elderly neighbor.

제 나이대의 누군가에게는 특이한 우정처럼 보일지도 모르지만, 제 가장 친한 친구는 연세가 있는 이웃 사람입니다.

원어민은 이렇게!

an odd person 특이한 사람
seem odd 특이하게 보이다

struggle

ˈstrʌɡ·əl

동 힘겨워하다

Introverts may also **struggle** to meet new people and will likely prefer to keep one or two close friends.

내향적인 사람은 새로운 사람을 만나는 것 또한 힘겨워 할 수도 있으며 한두 명의 가까운 친구를 유지하는 것을 선호할 가능성이 큽니다.

원어민은 이렇게!

struggle to do ~하기위해 고군분투하다
struggle for ~을 얻기 위해 노력하다

common

ˈkɑm·ən

형 공통의

As long as friends are supportive of each other and get along, they do not need to have many interests in **common**.

친구들이 서로 도와주고 잘 지내는 한, 공통적인 관심사가 많을 필요까지는 없습니다.

원어민은 이렇게!

common knowledge 상식
common interest 공통 관심사

solidarity

ˌsɑl·əˈdær·ɪ·ti

명 결속, 연대

There is more **solidarity** among friends who are similar to one another, so it is easier for them to make decisions.

서로 비슷한 친구들 사이에 더 많은 결속이 있어서, 그들은 결정을 내리는 것이 더 쉽습니다.

원어민은 이렇게!

feel solidarity 결속을 느끼다
group solidarity 단체 연대

DAY
03

Speaking & Writing

★ overt

oʊˈvɜrt

형 명백한

When I was growing up, I didn't feel **overt** pressure from my parents to join any teams or clubs.

제가 자라면서 부모님으로부터 어느 팀이나 클럽에 가입하라는 명백한 압박도 느끼지 않았습니다.

원어민은 이렇게!
overt criticism 명백한 비난
overt signs of ~의 명백한 흔적

★ candid

ˈkæn·dɪd

형 솔직한

A reliable friend will also be **candid** with me and will tell me when I'm making a mistake.

믿을 만한 친구는 제게 솔직할 것이고 제가 실수를 할 때면 이야기를 해줄 것입니다.

원어민은 이렇게!
candid talk 솔직한 대화
candid discussion 솔직한 토론

고득점 리얼 TIP!

어떤 성향의 사람을 좋아하는지에 대한 주제가 종종 출제된다. 이때, 믿을만하고 솔직한(reliable and candid) 사람이라고 답하고, 터놓고 서로 문제점을 말할 수 있다는 점과 현실적인 의견을 얻고 함께 어려움을 이겨 나갈 수 있다는 점을 근거로 든다면 보다 쉽게 답변을 만들 수 있다.

★ inseparable

ɪnˈsep·ər·ə·bəl

형 떼어놓을 수 없는

My childhood best friend and I were **inseparable**, so we would complain any time we ended up in different classes.

제 어린 시절 가장 친한 친구와 저는 떼어놓을 수 없었기 때문에, 저희는 결국 서로 다른 수업을 듣게 될 때마다 불만을 갖곤 했습니다.

원어민은 이렇게!
be inseparable from ~과 떼어놓을 수 없다

recede

rɪˈsiːd

⑤ (차츰) 약해지다, 희미해지다

The beginning of a new relationship is full of excitement, but as it continues, this feeling either **recedes** or is replaced with a deeper and more permanent feeling, like love or respect.

새로운 관계의 시작은 신나는 일로 가득하지만, 이것이 지속되면서, 그 감정은 차츰 약해지거나 사랑이나 존중같이 더 깊고 더 영구적인 감정으로 대체됩니다.

원어민은 이렇게!

recede gradually (기억 등이) 점차 사라지다

confide

kənˈfaɪd

⑤ (비밀이나 사적인 것을) 털어놓다

A lot of people would rather **confide** in a close friend than a family member because family relationships tend to be more complicated.

많은 사람들이 가족 구성원보다 가까운 친구에게 비밀을 털어놓는데, 가족 관계는 더 복잡한 경향이 있기 때문입니다.

원어민은 이렇게!

confide in each other 서로 비밀을 털어놓다

✅ 빈칸에 들어갈 알맞은 표현을 박스에서 찾아보세요.

① candid	② supportive	③ consideration
④ solidarity	⑤ common	⑥ acquaintances

1. 공통 관심사 _____ interest
2. 심사숙고 careful _____
3. 솔직한 토론 _____ discussion
4. 결속을 느끼다 feel _____
5. 서로 힘이 되어주는 mutually _____
6. 사회적인 친분 social _____

✅ 앞서 배운 단어의 뜻을 생각하며 읽어보고 빈칸에 알맞은 단어를 박스에서 찾아보세요.

① sympathize	② common	③ confide	④ candid

[1]There is no doubt that new friendships are full of excitement. [2]New friends are full of surprises, fun, and wonder. [3]However, old friends go beyond that. [4]It is a great blessing to have a friend who you have shared memories and 7. _____ ground with for a long time. [5]You can 8. _____ in an old friend and talk about your worries. [6]Old friends are always there at important moments. [7]There could have been disagreements or conflicts as well. [8]They can easily 9. _____ with you and give better advice than new friends. [9]Sometimes, old friends may give 10. _____ and wise advice in order to protect their friends. [10]These are the reasons why an old friendship is often referred to as a wine, as it tends to get better as time goes on.

해석 1 새로운 친구 관계가 흥미로움으로 가득하다는 점은 의심할 여지가 없습니다. 2 새 친구는 놀라움과 즐거움, 그리고 궁금증으로 가득합니다. 3 하지만, 오래된 친구는 그러한 것을 뛰어넘습니다. 4 추억과 **공통**점을 오랜 시간 함께 공유해 온 친구가 있다는 것은 대단한 축복입니다. 5 오래된 친구에게 비밀을 **털어놓을** 수도 있고 걱정거리를 이야기할 수도 있습니다. 6 오래된 친구는 중요한 순간에 항상 곁에 있습니다. 7 의견 차이나 갈등이 있었을 수도 있습니다. 8 그 오래된 친구들은 새로운 친구들보다 쉽게 **공감해주고** 더 좋은 조언을 해줄 수 있습니다. 9 때때로, 오래된 친구는 자신의 친구를 보호하기 위해 **솔직하고** 현명한 조언을 할 수도 있습니다. 10 이것이 바로 오래된 친구 관계가 종종 와인이라고 불리는 이유인데, 시간이 지날수록 더 좋아지는 경향이 있기 때문입니다.

정답

1. ⑤ 2. ③ 3. ① 4. ④ 5. ② 6. ⑥
7. ② 8. ③ 9. ① 10. ④

DAY 4

Life and Personal Experiences
인생과 개인적인 경험

mature
responsibility
reject
equal
entail
subsist
arbitrary
obstacle
inert
courage
bold
tedious
belong
impart
modernize
knit
hardship
discard
self-absorbed
ascribe

일반 학습 버전

집중 암기 버전

mature

məˈtʃʊr

maturity ⑲ 성숙함

쯻 immature 미성숙한, 철없는

⑲ 성숙한

Young people must have a wide range of experiences in order to become **mature**.

젊은이들은 성숙해지기 위해 반드시 폭넓은 경험을 해야 합니다.

responsibility

rɪˌspɑn·səˈbɪl·ɪ·ti

responsible ⑲ 책임이 있는

⑲ 책임(감)

The elderly are not familiar with new technology, so younger people have the **responsibility** of helping them to learn how to use it.

연세가 있는 사람들은 신기술에 익숙하지 않아서, 어떻게 사용하는지를 배울 수 있도록 젊은 사람들이 도와줘야 할 책임이 있습니다.

> **원어민은 이렇게!**
>
> have primary responsibility 일차적인 책임을 갖다
> shoulder the responsibility for ~에 대한 책임을 지다
> the burden of responsibility 책임감의 부담

> **고득점 리얼 TIP!**
>
> 청소년 또는 대학생이 시간제 근무(part-time jobs)나 특정 프로젝트에 참여할 경우에 어떤 장점이 있는지를 묻는 문제가 종종 출제되는데, 답변으로 시간제 근무 경험을 바탕으로 얻은 책임감을 나중에 사회 구성원이 되어 활용할 수 있다는 흐름으로 구성하면 좋은 점수를 받을 수 있다.

reject

rɪˈdʒekt

rejection ⑲ 거절

⑧ ~을 거절하다

Some older people might **reject** advice from a younger person because they are too proud or stubborn.

일부 나이 든 사람들은 젊은 사람의 조언을 거절할 수도 있는데 자존심이 너무 강하거나 고집이 세기 때문입니다.

equal

ˈiˑkwəl

혱 평등한

One of the biggest differences between my life and my parents' lives is that we didn't have **equal** opportunities for education.

저와 제 부모님의 삶 사이에서 가장 큰 차이점 중 한 가지는 우리가 교육에 대해 동등한 기회를 가지지 못했다는 것입니다.

entail

ɪnˈteɪl

동 ~을 수반하다

I agree that difficult experiences **entail** valuable life lessons that make you better prepared for the future.

저는 힘든 경험들이 미래를 더 잘 준비하도록 만들어주는 귀중한 인생 교훈을 수반한다는 점에 동의합니다.

> **원어민은 이렇게!**
> actually entail 실제로 수반하다
> inevitably entail 부득이하게 수반하다

subsist

səbˈsɪst

동 근근이 먹고 살다, 존속되다

For example, during hard times, my grandparents had to **subsist** on whatever food they could find, and their lives were a daily struggle.

예를 들어, 어려운 시기에 제 조부모님은 어떤 음식이라도 찾아서 근근이 먹고 살아야 했으며, 그들의 삶은 매일이 힘겨움이었습니다.

> **원어민은 이렇게!**
> subsist on ~으로 연명하다

arbitrary

ˈɑrˑbɪˌtrerˑi

혱 임의적인

For one thing, career decisions were much more **arbitrary** for my grandparents, because your job just depended on your region's industry.

한 가지는, 제 조부모님에게는 진로 결정이 훨씬 더 임의적이었는데, 그 이유는 사람들의 직업이 그저 지역의 산업에 의해 좌우되었기 때문입니다.

> **원어민은 이렇게!**
> to some extent arbitrary (결정 등이) 어느 정도는 임의적인

obstacle

ˈɑb·stə·kəl

명 장애물, 장애

My generation has had to overcome some serious **obstacles** that older generations never encountered.

우리 세대는 나이 든 세대가 결코 마주한 적 없는 일부 심각한 장애물들을 극복해야만 했습니다.

> **원어민은 이렇게!**
> an obstacle to ~의 방해물
> formidable obstacles 엄청난 방해물
> encounter an obstacle 방해물을 마주하다

> **고득점 리얼 TIP!**
> 장애물이나 문제점이 주제에서 언급이 되었다면, 왜 문제점이 발생되었는지 그리고 그것을 극복하기 위해 어떤 방법이나 해결책을 활용했는지를 함께 언급하는 것이 좋다.

inert

ɪˈnɜrt

형 무기력한

While older people want to paint today's youth as **inert** and lacking motivation, I disagree; young people are more active socially and creatively than ever before.

나이 드신 분들은 요즘 젊은이들이 무기력하고 동기가 부족하다고 표현하길 원하지만, 저는 이에 동의하지 않는데, 젊은 사람들은 과거 그 어느 때보다 사회적으로 그리고 창의적으로 더 적극적이기 때문입니다.

courage

ˈkɜːr·ɪdʒ

명 용기

First, having the **courage** to make major life decisions is a sign that a youth is transitioning into adulthood.

우선, 인생의 중대한 결정을 내리는 데 있어 용기를 갖는 것은 어린 시절에서 성년기로 접어들고 있다는 한 가지 신호입니다.

> **원어민은 이렇게!**
> show enough courage 충분한 용기를 보이다

★ bold

boʊld

⬛ 과감한

Difficult times require **bold** action, so I think it's in these moments that people grow and improve in character.

어려운 시기에는 과감한 행동을 필요로 하기 때문에, 저는 이러한 시기에 사람들의 성격이 성장하고 향상된다고 생각합니다.

원어민은 이렇게!
bold decision 과감한 결정

★ tedious

ˈtid·i·əs

⬛ 지루한

As my generation has access to constant entertainment, we would have found daily life fifty years ago extremely **tedious**.

우리 세대는 끊임없는 오락물을 이용할 수 있어서, 50년 전의 일상은 극도로 지루하다고 생각할 수 있습니다.

원어민은 이렇게!
a tedious job 지루하고 반복적인 일
tedious process 지겨운 과정

★★★ belong

bɪˈlɔŋ

⬛ 소속감을 느끼다

It's important to **belong** to a community that you can rely on for support and guidance.

지원과 지도를 위해 사람들이 기댈 수 있는 공동체에 소속감을 느끼는 것은 중요합니다.

원어민은 이렇게!
belong to ~에 속하다

★★★ impart

ɪmˈpɑrt

⬛ (정보 등) ~을 전하다

While the elderly can **impart** knowledge of trade skills and traditional values, the youth can in turn help them adapt to the ever-changing world.

연세가 있는 사람들이 무역 기술과 전통적 가치에 대한 지식을 전해 줄 수 있는 반면에, 젊은이들은 반대로 그들이 변화무쌍한 세계에 적응하도록 도와줄 수 있습니다.

modernize

'mad·ər,naɪz

modern ⓐ 현대의, 현대적인

ⓥ ~을 현대화하다

While my life isn't necessarily simple, everything has been **modernized** in my city, and I can enjoy these luxuries whenever I want.

제 삶이 꼭 단조로운 것은 아니지만, 모든 것이 현대화된 우리 도시에서는 제가 원할 때마다 이런 호화로움을 누릴 수 있습니다.

knit

nɪt

ⓥ 밀접하게 결합되다

Whereas my grandparents grew up in closely **knit** communities, my generation has become more isolated because of new technologies.

제 조부모님들은 밀접하게 결합된 공동체에서 자라왔던 반면에, 우리 세대는 새로운 기술 때문에 더 고립되었습니다.

원어민은 이렇게!
knit together 함께 결합되다

hardship

'hardʃɪp

ⓝ 어려움

Purchasing a business comes with a lot of **hardships**, and these might lead to further financial difficulties.

사업체를 매입하는 일에는 많은 어려움이 뒤따르며, 그 어려움은 추가적인 재정난으로 이어질 수도 있습니다.

원어민은 이렇게!
economic hardships 경제적 어려움
severe hardship 극심한 곤경
widespread hardship among ~간에 널리 퍼져있는 어려움

discard

dɪs'kard

ⓥ ~을 버리다, 제거하다

The younger generation has **discarded** some of the traditional values of our grandparents.

젊은 세대가 조부모 세대의 전통적인 가치 일부를 없애 버렸습니다.

self-absorbed

.self-əbˈzɔːrbd

혱 자신에게만 관심있는

Naturally, children are more **self-absorbed** and only think about themselves; being considerate of others and the world at large is a sign of entering adulthood.

당연히, 아이들은 자신에게만 더 관심이 있고 오직 자신들만 생각하는데, 타인과 세상 전반에 대해 배려심을 갖는 것은 성년기에 들어서고 있다는 한 가지 신호입니다.

ascribe

əˈskrɑɪb

동 ~을 탓하다

My father's carefulness with money could be **ascribed** to his childhood, when his family was very poor.

돈에 관한 제 아버지의 신중함은 가족이 매우 가난했던 아버지의 유년 시절 탓일 수도 있습니다.

Brief Review

✓ 빈칸에 들어갈 알맞은 표현을 박스에서 찾아보세요.

① responsibility	② obstacle	③ tedious

1. 방해물을 마주하다 encounter an _____
2. 지루하고 반복적인 일 a _____ job
3. ~에 대한 책임을 지다 shoulder the _____ for

✓ 앞서 배운 단어의 뜻을 생각하며 읽어보고 빈칸에 알맞은 단어를 박스에서 찾아보세요.

① obstacles	② mature	③ courage	④ entailed

[1]Risk-taking is crucial for success in our lives. [2]Taking a risk means having the
4. _____ to face the fear of failure. [3]In other words, it is likely for people
to care less about what others think and open themselves up to unforeseen but
greater opportunities. [4]By attempting new things and learning how to overcome
problems, people can become stronger and more 5. _____. [5]Many
renowned CEOs have gone through failures and 6. _____ in life and
confessed that they have learned a lot from them. [6]Steve Jobs, for instance,
dropped out of college. [7]Moreover, he was once fired from the company he
himself established because he was reckless and made decisions that
7. _____ risks. [8]He never tried to achieve his goals by staying within his
comfort zone. [9]Never hesitating to experiment, he pursued his own creative
ideas and came up with several innovative products, such as the iPhone.

해석 1 위험을 감수하는 것은 우리 삶의 성공에 있어 중요합니다. 2 위험을 감수한다는 것은 실패의 두려움에 직면할 **용기**가 있다는 것을 의미합니다. 3 다시 말해, 다른 이들이 생각하는 바에 대해 신경을 덜 쓰면서 예기치 못한 것이지만 더좋은 기회를 향해 사람들이 스스로 마음을 열 가능성이 있습니다. 4 새로운 것을 시도하고 문제를 극복하는 방법을 배움으로써, 사람들은 더욱 강해지고 **성숙해**질 수 있습니다. 5 수많은 유명 CEO들은 삶에서 실패와 **장애물**을 겪어 왔고, 그것들을 통해 많이 배웠다는 사실을 고백했습니다. 6 예를 들어, 스티브 잡스는 대학교를 중퇴했습니다. 7 게다가, 자신이 직접설립한 회사에서 한때 해고되기도 했는데, 그가 무모했고 위험 요소들이 **수반된** 결정을 내렸다는 것이 그 이유였습니다. 8 그는 절대로 익숙한 편안함에 머무른 상태로 목표를 달성하려 하지 않았습니다. 9 단 한 번도 실험하는 것을 주저하지 않으면서, 그는 자신만의 창의적인 생각을 추구해 '아이폰'과 같은 혁신적인 제품을 만들어냈습니다.

정답

1. ② 2. ③ 3. ①
4. ③ 5. ② 6. ① 7. ④

DAY 5

Jobs and Careers
직업과 경력

competition
promote
organize
confine
frustration
epitome
reluctant
oversee
reverse
resign
frivolous
inept
jargon
intermittent
antagonize
ostracize
conflict
relegate
transient
utter

일반 학습 버전

집중 암기 버전

competition

ˌkɑm·pəˈtɪʃ·ən

compete 동 경쟁하다

명 경쟁

There's a lot of **competition** for high-paying jobs, so applying and interviewing for them can be a very stressful experience.

높은 연봉을 받는 직업에 대한 경쟁이 치열하기 때문에, 그 일자리를 위해 지원하고 면접을 보는 일은 매우 스트레스가 큰 경험일 수 있습니다.

원어민은 이렇게!
competition for jobs 일자리를 위한 경쟁
fierce competition 치열한 경쟁

promote

prəˈmoʊt

promotion 명 홍보, 촉진

동 ~을 홍보하다, 촉진시키다, 활성화시키다

Universities should **promote** academic subjects that will help students secure employment after graduation.

대학은 학생들이 졸업 후에 일자리를 확보하는 데 도움을 줄 학과목들을 활성화시켜야 합니다.

원어민은 이렇게!
promote better understanding 더 나은 이해를 촉진시키다(증진시키다)

organize

ˈɔr·ɡəˌnɑɪz

동 ~을 구성하다, 체계화하다, 조직하다

By working independently, you can **organize** your own schedule without having to accommodate the needs of others.

독립적으로 일함으로써, 사람들은 다른 이들의 요구를 수용할 필요 없이 자신만의 일정을 구성할 수 있습니다.

원어민은 이렇게!
organize a meeting 회의를 조직하다
organize the schedule 일정을 잡다

고득점 리얼 TIP!

업무를 할 때 충분한 계획을 세우는지, 즉흥적으로 업무를 수행하는지를 묻는 문제가 종종 출제되는데 아래와 같이 답변을 만든다.

▸ 충분한 계획을 세우는 경우: 업무를 미리 예상하고 실행하여 업무 효율성을 높일 수 있다.

▸ 즉흥적으로 업무를 수행할 경우: 유연한 업무 배분과 시간 활용이 가능하며 중요한 문제가 즉각적으로 발생했을 경우 바로 집중할 수 있다.

confine

kənˈfaɪn

동 ~을 제한하다

When I was younger, I didn't **confine** myself to only one field of work; I tried different types of jobs to discover which one best suited me.

제가 더 어렸을 때, 제 자신을 업무의 한 분야에만 제한하지 않았으며, 어떤 것이 저에게 가장 잘 맞을지 알아내기 위해 다양한 종류의 일을 시도했습니다.

원어민은 이렇게!

confine to ~을 제한하다

frustration

frʌˈstreɪ·ʃən

frustrate 동 좌절감을 주다
frustrated 형 좌절감을 느끼는

명 좌절(감)

Every job, no matter how satisfied you are with it, will cause some **frustration**, so a healthy social life will make you happier overall.

모든 직장은 아무리 만족한다 하더라도 일부 좌절감을 유발할 것이기 때문에, 건강한 사교 생활은 전반적으로 사람들을 더 행복하게 만들어 줍니다.

원어민은 이렇게!

sense one's frustration 누군가의 좌절감을 느끼다
vent frustration 좌절감을 표출하다
a sense of frustration 좌절의 감정

고득점 리얼 TIP!

직장 생활을 잘 하기 위한 방법에 관련된 문제가 종종 출제되는데 아래와 같은 스토리라인으로 답변을 만든다.

▸ 서론: 직장 생활을 처음 시작했을 때 많은 좌절감과 스트레스를 받음
▸ 본론: 내 입장(주장) 대로 실천함
▸ 결론: 회사 생활이 훨씬 편해지고 즐거워질 수 있었음

epitome

ɪˈpɪt·ə·mi

명 본보기, 전형

For example, my most recent group project was the **epitome** of everything I dislike about working in groups: poor planning, imbalanced workloads, and personal conflicts.

예를 들어, 최근 그룹 프로젝트는 제가 그룹으로 일하는 것에 관해 싫어하는 모든 것의 전형이었는데, 형편없는 계획, 불균형적인 업무량, 그리고 개인적인 갈등이 있었기 때문입니다.

원어민은 이렇게!

the epitome of ~의 전형, ~의 본보기

☆☆ reluctant

rɪ'lʌk·tənt

I was **reluctant** to accept a position at a small startup, but now I'm glad that I did.

저는 작은 스타트업에서 한 자리를 맡는 것을 꺼려했지만, 지금은 그렇게 했던 것이 기쁩니다.

원어민은 이렇게!
be reluctant to do ~하기를 꺼리다, 주저하다

☆☆ oversee

ˌoʊ·vər'si

As senior manager, my job was to **oversee** the visual designs of our advertisements and packaging.

차장으로서, 제 업무는 광고나 포장재의 시각적 디자인을 감독(총괄)하는 것이었습니다.

☆☆ reverse

rɪ'vɜrs

An experienced worker might challenge my authority in the workplace and try to **reverse** or undermine my decisions.

경험이 많은 직원은 직장 내에서 제 권위에 도전해 제 결정을 뒤바꾸려 하거나 저해하려 할 수도 있습니다.

☆☆ resign

rɪ'zaɪn

resignation (명) 사직

In fact, some of my friends have **resigned** from their high-paying jobs because of how unhappy they were.

사실, 몇몇 제 친구들은 그들이 얼마나 불행했었는지를 이유로 높은 연봉을 받는 직업에서 사직했습니다.

원어민은 이렇게!
formally resign from ~에서 공식적으로 사직하다(사임하다)

frivolous

ˈfrɪv·ə·ləs

형 하찮은, 경솔한

In smaller companies, you're always working on something important, but a lot of time is wasted on **frivolous** activities in larger companies.

규모가 작은 회사에서는 사람들이 항상 중요한 것에 대한 일을 하고 있지만, 더 큰 회사에서는 하찮은 일에 많은 시간이 낭비되고 있습니다.

inept

ɪˈnept

형 미숙한

Even if you're paying an inexperienced worker less, they might be **inept** and make a lot of costly mistakes.

경험이 부족한 직원에게 급여를 덜 지급한다 하더라도, 그 직원들은 미숙할 수도 있고, 대가가 큰 실수를 많이 저지를 수도 있습니다.

원어민은 이렇게!
socially inept 사교적인 부분에서 서툰, 낯을 가리는

jargon

ˈdʒɑr·gən

명 전문 용어

It can take a long time to familiarize yourself with the **jargon** of some specialized jobs, so it's better to stay in the same field.

특정 직업의 전문 용어에 익숙해지는 데 오랜 시간이 걸릴 수 있기 때문에, 같은 분야에 머무르는 것이 더 좋습니다.

원어민은 이렇게!
technical jargon 기술적 용어
business jargon 경영 용어

고득점 리얼 TIP!
입사 직후 업무를 잘 배우기 위한 방법을 묻는 문제가 종종 출제되는데, 그 중 가장 답변하기 좋은 선택안은 다양한 회의에 많이 참석하는 것이다. 회의 구성원들이 사용하는 용어나 데이터를 듣고 정리한다면 업무 이해도를 빨리 높일 수 있다는 것을 언급하면 좋은 점수를 받을 수 있다.

intermittent

ˌɪn·tərˈmɪt·ənt

형 간헐적인

Nowadays, people take **intermittent** breaks from employment to avoid burnout.

요즘에는 사람들이 극도의 피로를 피하기 위해 직장으로부터 간헐적인 휴식을 취합니다.

원어민은 이렇게!
intermittent effort 간헐적인 노력

DAY
05

Speaking & Writing

antagonize

æn'tæg·ə,naɪz

동 ~의 반감을 사다

For example, the company my brother works for just **antagonized** all its employees by limiting their usage of vacation days.

예를 들어, 제 형이 다니는 회사는 휴가 사용을 제한함으로써 모든 직원들의 반감을 샀습니다.

ostracize

'as·trə,saɪz

동 (사람) ~을 외면하다

A newly hired experienced worker may be **ostracized** by the other employees who feel threatened by his or her knowledge and skills.

새로 고용된 경력 사원은 그 사람의 지식이나 능력에 위협을 느낀 다른 직원들에 의해 외면당할 수 있습니다.

> **원어민은 이렇게!**
> be ostracized by ~에 의해 외면당하다

conflict

'kan·flɪkt

명 갈등, 분쟁

An important aspect of group work is handling **conflicts** fairly and quickly when they occur.

공동 작업의 한 가지 중요한 측면은 갈등이 일어났을 때 공정하고 신속하게 그것을 처리하는 것입니다.

> **원어민은 이렇게!**
> conflict between ~ 사이의 갈등
> avoid conflict 갈등을 피하다
> be involved in the conflict 갈등에 휘말리다

> **고득점 리얼 TIP!**
>
> 업무에서 가장 필요한 능력이 무엇인지 묻는 주제가 자주 출제되는데, 가장 적절하게 활용할 수 있는 예시는 '원활한 의사소통 능력(having good communication skills)'이다. 이는 다양한 갈등(conflict)과 문제를 해결하는 데 큰 도움을 주어 상사 및 동료들과의 좋은 관계 형성에 기여하기 때문이다.

relegate

'rel·ɪ,geɪt

동 ~을 맡기다, 격하시키다

Senior employees often **relegate** tedious tasks, such as filing paperwork and ordering office supplies, to new staff members.

선배 사원들은 보통 서류 정리 작업이나 사무용품 주문 같은 지루한 업무를 신입 사원들에게 맡깁니다.

★ transient

ˈtræn·zi·ənt

형 일시적인

Companies will likely doubt the loyalty and dedication of applicants who have held numerous **transient** positions.

회사들은 수많은 일시적인(임시직인) 자리에서 일한 지원자들의 충성심과 헌신에 대해 의구심을 가질 가능성이 있습니다.

원어민은 이렇게!
transient workers 임시직

고득점 리얼 TIP!

다양한 직장을 경험하는 것이 좋은지, 한 직장에서 오래 일하는 것이 좋은지 묻는 주제는 아래와 같이 접근한다.
▸ 직장을 자주 바꾸는 것: 다양한 업무를 체험하고 사람을 만나며, 자신의 능력을 키울 수 있음
▸ 한 직장에서 오래 일하는 것: 자신이 일하는 분야의 전문성을 높일 수 있으며 불필요한 리스크를 줄일 수 있음

★ utter

ˈʌt·ər

동 ~을 말하다

Since I'm not a confident person, I struggle to **utter** even a single suggestion when I work on a group project.

저는 자신감이 있는 사람이 아니기 때문에, 그룹 프로젝트를 할 때 한 가지 의견을 말하는 것조차 힘겹습니다.

빈칸에 들어갈 알맞은 표현을 박스에서 찾아보세요.

| ① conflict | ② transient | ③ competition |

1. 치열한 경쟁 fierce _____
2. 갈등을 피하다 avoid _____
3. 임시직 _____ workers

앞서 배운 단어의 뜻을 생각하며 읽어보고 빈칸에 알맞은 단어를 박스에서 찾아보세요.

| ① promotes | ② frustration | ③ organizing | ④ oversee |

[1]To begin with, learning things from supervisors 4. _____ a better understanding of tasks and improved communication. [2]Supervisors play a critical role in any company. [3]They are positioned to guide and lead employees to increase their productivity. [4]As is often the case, supervisors 5. _____ a lot of inexperienced employees. [5]They know that new workers face difficulties 6. _____ and performing their tasks. [6]With that knowledge and experience, supervisors can sense their workers' 7. _____ and respond to them accordingly. [7]They communicate clearly with new workers and provide feedback so that newly hired employees can learn quickly and handle their own problems. [8]When I was working in a computer engineering company as an intern, I could complete my tasks efficiently thanks to the clear instructions and information I received from my senior manager whenever I faced problems.

해석 1 우선, 관리자에게 배우는 것은 업무에 대한 더 나은 이해와 향상된 의사 소통을 **조성합니다**. 2 관리자는 회사에서 중요한 역할을 합니다. 3 그들은 생산성을 향상시키기 위해 직원들을 관리하고 이끄는 위치에 있습니다. 4 흔히 볼 수 있 듯, 관리자들은 많은 미숙한 직원들을 **감독합니다**. 5 그들은 신입 사원들이 업무를 **체계화하고** 수행하는 데 있어 어려움에 직면한다는 사실을 알고 있습니다. 6 그 지식과 경험을 통해, 책임자들은 부하 직원들의 **좌절감**을 감지하고 그에 맞게 대응할 수 있습니다. 7 그들은 새롭게 고용된 직원들이 빠르게 배우고 각자의 문제를 처리할 수 있도록 명확하게 의사 소통하고 피드백을 제공합니다. 8 제가 컴퓨터 엔지니어링 회사에서 인턴으로 근무하고 있었을 때, 문제에 직면할 때마다 상급 관리자로부터 받은 명확한 지시와 정보 덕분에 효율적으로 업무를 완료할 수 있었습니다.

정답
1. ③ 2. ① 3. ②
4. ① 5. ④ 6. ③ 7. ②

DAY 6

Entertainment and Leisure

오락과 여가 생활

supplant
escape
pace
penchant
prominent
fluent
aesthetic
work out
spiritual
vicarious
indulge
acceptable
foremost
outlook
entertain
linger
tranquil
relaxation
fascinate
occasion

일반 학습 버전

집중 암기 버전

supplant

sə'plænt

(됨) (낡은 것 등) ~을 대체하다

Everyone predicted that e-books would **supplant** printed books, but this hasn't been the case.

모두가 전자책이 종이책을 대체할 거라고 예측했지만, 그렇게 되지 않았습니다.

escape

ɪ'skeɪp

(됨) 탈출하다, 벗어나다

All around the world, movies allow people to **escape** from the problems of their everyday lives.

전 세계적으로, 영화는 사람들에게 일상 생활의 문제에서 벗어날 수 있게 해줍니다.

원어민은 이렇게!

relaxing escape from ~로부터의 즐거운 일탈

pace

peɪs

(명) 속도

Music also energizes people, such as those who exercise while listening to an album with a fast, aggressive **pace**.

빠르고 공격적인 속도의 앨범을 들으면서 운동하는 사람들처럼, 음악은 사람들에게 활기를 제공해 주기도 합니다.

원어민은 이렇게!

keep pace with 속도를 유지하다
the pace of modern life 현대사회의 속도

penchant

'pen·tʃənt

(명) 경향, 강한 기호

I cannot play games with my brother anymore because he has a **penchant** for only having fun when he wins.

저는 더 이상 제 남동생과 게임을 같이 할 수 없는데 동생은 자신이 이길 때만 즐거워하는 경향이 있기 때문입니다.

원어민은 이렇게!

have a penchant for ~의 취향을 가지다

prominent

'prɑm·ə·nənt

형 유명한, 두드러진

For example, my father only watches movies made by **prominent** directors, and he doesn't care at all about action-packed blockbusters.

예를 들어, 저희 아버지는 유명 감독이 만든 영화만 보시고, 액션이 많은 블록버스터 영화에 대해서는 전혀 신경 쓰지 않습니다.

원어민은 이렇게!
prominent landmarks 명소

fluent

'flu·ənt

fluently **부** 유창하게

형 유창한

In addition, watching foreign films is also a great way to become **fluent** in another language.

게다가, 외국 영화를 보는 것은 다른 언어에 유창해질 수 있는 훌륭한 방법이기도 합니다.

원어민은 이렇게!
be fluent in ~에 유창하다
speak fluent Spanish 유창한 스페인어를 하다

aesthetic

es'θet·ɪk

형 미적인

Action movies are only two hours of chase scenes and explosions, so they lack **aesthetic** qualities that I can appreciate.

액션 영화는 오직 추격 장면과 폭발로만 구성된 두 시간일 뿐이어서, 제가 감상할 수 있는 미적인 특성은 부족합니다.

원어민은 이렇게!
aesthetic value 미적 가치
both functional and aesthetic 기능성과 아름다움 둘 다 갖춘

work out

동 운동하다

No matter how busy I am, I try to make time to **work out** at my local gym.

제가 아무리 바쁘더라도, 시간을 내서 동네 체육관에서 운동하려고 노력합니다.

원어민은 이렇게!

work out twice a week 일주일에 두번 운동하다

영작에 유용한 배경 지식

운동을 하면 단순히 몸의 근력이나 능력이 향상되는 것뿐만 아니라, 사람들과의 관계 개선, 긍정적 사고, 기억력 증가 등 다양한 이점이 있다.

---

spiritual

'spɪr·ɪ·tʃu·əl

spirit 명 정신, 영혼

형 정신적인, 영적인

Going to concerts is an almost **spiritual** experience for music lovers.

콘서트에 가는 것은 음악 애호가들에게 거의 영적인 체험입니다.

원어민은 이렇게!

spiritual needs 정신적 욕구
spiritual quality 영적인 특징

---

vicarious

vaɪˈkeər·i·əs

형 간접적인, 대리의

Sports fans take **vicarious** pleasure in watching their favorite athletes compete on the field.

스포츠 팬들은 가장 좋아하는 운동 선수가 경기장에서 경쟁하는 것을 지켜보면서 대리 만족을 얻습니다.

원어민은 이렇게!

vicarious thrills 대리 만족

---

indulge

ɪnˈdʌldʒ

동 ~을 마음껏 하다, (욕구 등을) 충족시키다

Purchasing a car would be a practical decision, but if you have the opportunity, you should **indulge** yourself by taking your dream vacation.

차 한 대를 구입하는 것은 실용적인 결정일 수 있지만, 만약 기회가 있다면, 꿈꾸던 휴가를 보내면서 스스로를 충족시켜야 합니다.

원어민은 이렇게!

indulge in ~에 탐닉하다
indulge oneself with ~을 마음껏 하다

acceptable

əkˈsept·ə·bl

accept ⑧ 용인하다, 받아들이다

🔲 용인되는, 허용되는

In my opinion, it should be **acceptable** in work cultures to take some free time for yourself every month.

제 생각에, 매달 자신을 위해 어느 정도 자유 시간을 가지는 것이 노동 문화에서 용인되어야 합니다.

원어민은 이렇게!
acceptable level of ~에 받아들여질 수 있는 수준

foremost

ˈfɔːr·moʊst

🔲 가장 중요한

Movies and video games have become the **foremost** forms of entertainment for the majority of teenagers.

영화와 비디오 게임은 대다수의 청소년에게 가장 중요한 오락 형태가 되었습니다.

원어민은 이렇게!
foremost expert 최고의 전문가
foremost actor 최고의 배우
first and foremost 가장 먼저

outlook

ˈaʊtˌlʊk

🔲 관점, (앞날에 대한) 전망

Even if a movie's tone is dark or depressing, it can give you a different **outlook** on life, and this will broaden your horizons.

영화의 분위기가 어둡거나 우울할지라도, 삶에 대해 다른 관점을 제공해 줄 수 있으며, 이는 사람들의 시야를 넓게 만들어 줄 것입니다.

원어민은 이렇게!
The outlook for ~를 위한 전망

entertain

ˌen·tərˈteɪn

entertainment ⑲ 오락, 여흥

🔲 ~을 즐겁게 하다

If you have a variety of hobbies and interests, then you can always find a way to **entertain** yourself.

만약 다양한 취미와 관심사가 있다면, 스스로를 즐겁게 할 방법은 항상 찾을 수 있습니다.

DAY 06

Speaking & Writing

linger

'lɪŋ·gər

Personally, I don't like to **linger** inside my house, especially when the weather is nice, because I'd rather be outside.

개인적으로, 저는 특히 날씨가 좋을 때 집 안에 오래 머물러 있는 것을 좋아하지 않아서, 오히려 밖에 있고 싶어합니다.

원어민은 이렇게!
linger for a while 잠시 남아있다, 잠시 서성이다

---

tranquil

'træn·kwɪl

형 고요한

Listening to **tranquil** music helps people relax after a long day of work.

고요한 음악을 듣는 것은 사람들이 긴 하루의 일과를 마친 후에 긴장을 푸는 데 도움이 됩니다.

---

relaxation

ˌriː·lækˈseɪ·ʃən

relax 동 휴식을 취하다

명 휴식

Relaxation has become a major industry, with new services and companies springing up to meet customer demand.

휴식은 새로운 서비스와 업체들이 고객의 요구를 충족시키기 위해 속속 생겨나면서 하나의 주요 산업이 되었습니다.

원어민은 이렇게!
do something to relax 휴식을 위해 ~를 하다

영작에 유용한 배경 지식
최근 충분한 시간을 내기 어려운 바쁜 사람들이 스마트폰 애플리케이션을 이용하여 명상 및 요가를 배우고 심신의 안정을 위해 노력한다.

---

fascinate

'fæs·əˌneɪt

동 ~를 매혹하다

Music is one of humanity's oldest artforms, and it still **fascinates** us in new and exciting ways today.

음악은 인류의 가장 오래된 예술 양식 중 하나이며, 오늘날에도 새롭고 흥미로운 방식으로 여전히 우리를 매혹합니다.

원어민은 이렇게!
be fascinated by ~에 의해 매료되다

occasion

əˈkeɪ·ʒən

⑬ 행사, 경우, 때

It's no surprise that there is specific music that accompanies every major **occasion** in people's lives, from graduations to weddings.

졸업식에서 결혼식에 이르기까지 우리 삶의 주요 행사마다 동반되는 특정 음악이 존재한다는 것은 놀랄 일이 아닙니다.

원어민은 이렇게!

on special occasion 특별한 상황에서

Brief Review

✔ 빈칸에 들어갈 알맞은 표현을 박스에서 찾아보세요.

| ① aesthetic | ② occasion | ③ spiritual |
| ④ foremost | ⑤ pace | ⑥ prominent |

1. 정신적 욕구 _____ needs
2. 기능성과 아름다움 둘 다 갖춘 both functional and _____
3. 현대 사회의 속도 the _____ of modern life
4. 특별한 상황에서 on special _____
5. 최고의 전문가 _____ expert
6. 명소 _____ landmarks

✔ 앞서 배운 단어의 뜻을 생각하며 읽어보고 빈칸에 알맞은 단어를 박스에서 찾아보세요.

| ① outlook | ② relaxation | ③ escape | ④ pace |

[1]I believe that traveling abroad is the best form of 7. _____, and there are several reasons. [2]First, traveling is a relaxing 8. _____ from the daily routine of our lives. [3]The stress and demands of work distract people from doing things they really love to do. [4]By traveling, people can disconnect from work and recharge themselves. [5]They can enjoy a slower, more relaxing 9. _____ during the trip, improving both their mood and 10. _____ on life. [6]A few years ago, I traveled to India. [7]At that time, I was under great pressure because of my work projects and career issues. [8]However, being away from my workplace, I was able to explore new places, meet new people, and appreciate the things around me. [9]I could stop thinking about my worries and feel happy about my life.

해석 1 저는 해외 여행을 하는 것이 최고의 휴식 방법이라고 생각하며, 여기에는 여러 가지 이유가 있습니다. 2 첫째로, 여행은 우리 삶 속 반복되는 일상으로부터의 느긋한 탈출입니다. 3 일에 대한 스트레스와 부담은 사람들이 정말로 꼭 하고 싶어하는 일에 집중하지 못하게 합니다. 4 여행을 함으로써, 사람들은 일과의 연결을 끊고 스스로를 재충전할 수 있습니다. 5 여행 중에 더 느리고 느긋한 속도를 즐길 수 있으며, 이는 사람의 기분과 삶에 대한 관점 모두를 향상시켜 줍니다. 6 몇 년 전, 저는 인도로 여행을 간 적이 있습니다. 7 당시에, 저는 프로젝트와 진로 문제 때문에 엄청난 압박감에 시달렸습니다. 8 하지만, 직장에서 벗어나 새로운 곳들을 탐방하고 새로운 사람들을 만나며, 제 주변에 있는 것들을 제대로 감상할 수 있었습니다. 9 저는 걱정거리에 대해 생각하는 것을 멈추고 삶에 대해 행복감을 느낄 수 있었습니다.

정답
1. ③ 2. ① 3. ⑤ 4. ② 5. ④ 6. ⑥
7. ② 8. ③ 9. ④ 10. ①

DAY 7

The Environment and Animals

환경과 동물

consume
clear
polluted
crisis
notorious
uncanny
pristine
disinterested
terms
captivity
sanitation
victim
recipe
formidable
propel
hypocritically
humiliation
ban
conserve
campaign

일반 학습 버전

집중 암기 버전

consume

kən'sum

consumption 몡 소비

While I don't think it's realistic for everyone to stop eating meat, I do believe people should limit the amount of animal products they **consume**.

저는 모든 사람이 고기를 그만 먹는 게 현실적이라고 생각하지는 않지만, 사람들이 소비하는 동물성 제품의 양을 제한해야 한다고 생각합니다.

clear

klɪər

Cleared

동 (삼림이나 토지 등) ~을 개간하다

For instance, cattle ranchers and loggers continue to **clear** the Amazon rainforest, which has terrible consequences for the Earth.

예를 들어, 목장 경영자들과 벌목꾼들은 계속해서 아마존 열대 우림을 개간하고 있으며, 이는 지구에 끔찍한 결과를 가져옵니다.

영작에 유용한 배경 지식

인간이 하는 행위들 중 산림을 개간하고 벌목하는 행위는 많은 동식물의 서식지를 파괴하고 번식을 막는 가장 큰 문제로 알려져 있다.

polluted

pəˈluːtid

pollute 동 오염시키다

형 오염된

For example, the river near my home is so **polluted** that people are warned not to swim in it.

예를 들어, 우리 집 근처에 있는 강은 너무 오염되어서 사람들은 그곳에서 수영하지 않도록 주의를 받습니다.

원어민은 이렇게!

chemically polluted industrial sites 화학적으로 오염된 건설 부지

영작에 유용한 배경 지식

공장에서 발생되는 매연을 줄이기 위해 많은 기업들이 다양한 노력을 하고 있다. 가장 대표적인 방법은 공장 내부에 화학 물질을 활용한 필터 시스템을 가동하는 인위적인 방식이 있고, 다른 방법은 공장 외부에 많은 나무를 심어 자연적인 방식으로 매연을 줄이는 것이다.

crisis

'kraɪ·sɪs

명 위기

As there are multiple environmental **crises** every year, there's little question regarding the impact of human activity on the Earth.

매년 환경과 관련된 위기가 많이 있기 때문에, 지구에 대한 인간 활동의 영향과 관련해서는 의심의 여지가 거의 없습니다.

원어민은 이렇게!
overcome crisis 위기를 극복하다

notorious

noʊˈtɔː·r·i·əs

형 악명 높은

In the past, the cosmetic industry was **notorious** for overusing animal testing, but it has become much more humane over the past decade.

과거에는, 화장품 산업이 동물 실험의 남용으로 악명이 높았지만, 지난 십년에 걸쳐 훨씬 더 인도적으로 변했습니다.

원어민은 이렇게!
be notorious for ~로 악명 높다

uncanny

ʌnˈkæn·i

형 불가사의한

Some people even develop **uncanny** relationships with their pets, to the point where they can almost understand each other perfectly.

일부 사람들은 심지어 서로를 거의 완벽히 이해할 수 있을 정도까지 반려 동물과 불가사의한 관계를 발전시킵니다.

pristine

prɪˈstiːn

형 오염되지 않은, 자연 그대로의

To help the environment, nations should enforce regulations to protect any **pristine** natural habitats left within their borders.

환경에 도움이 되기 위해, 국가들은 자국 국경 안에 남아있는 모든 오염되지 않은 자연 서식지를 보호할 규제를 시행해야 합니다.

원어민은 이렇게!
in pristine condition 완전히 새 것인, 원래 상태의

disinterested

dɪsˈɪn·trə·stɪd

형 무관심한

When it comes to making effective changes that will limit climate change, most politicians are **disinterested**.

기후 변화를 제한할 효과적인 변화를 이루는 것과 관련해서 대부분의 정치인들이 무관심합니다.

원어민은 이렇게!
be disinterested in 무관심한

고득점 리얼 TIP!
무관심한 대중이나 사람들의 관심을 끌기 위한 방법에 관한 주제가 종종 출제되는데, 환경 보호 단체가 누구나 시청할 수 있는 유익하고 재미있는 영상을 만들어 배포할 수 있다는 예시를 들어 답변을 만든다.

terms

tɜrmz

명 (합의) 조건

I think people have not yet come to **terms** with the full impact climate change will have on the environment.

저는 사람들이 아직도 기후 변화가 환경에 미칠 모든 영향에 대해 받아들이려고 애쓰지 않는다고 생각합니다.

원어민은 이렇게!
come to terms with a person 의논하여 합의를 보다
come to terms with something 받아들이는 법을 배우다(받아들이려고 애쓰다)

captivity

kæpˈtɪv·ə·ti

captive **형** 억류된

명 감금, 억류

Livestock that is bred in **captivity** often live in horrible conditions.

감금된 상태로 사육되는 가축들은 보통 끔찍한 환경에서 살고 있습니다.

원어민은 이렇게!
released from captivity 감금에서 풀려나다

sanitation

ˌsæn·ɪˈteɪ·ʃən

명 위생 시설, 위생 관리

While efficient **sanitation** keeps human habitats safe and clean, it can severely damage nearby ecosystems.

효율적인 위생 관리가 인간의 거주지를 안전하고 깨끗하게 유지해 주는 반면, 근처 생태계에 심각하게 피해를 줄 수도 있습니다.

원어민은 이렇게!
inadequate sanitation 부적절한 위생
sanitation workers 환경미화원

victim

☆☆☆

ˈvɪk·təm

victimize ⑧ 괴롭히다,
희생시키다

⑲ 희생물, 피해자

I'm heartbroken that so many animals are **victims** of cruel animal testing.

저는 너무 많은 동물이 잔인한 동물 실험의 희생물이라는 점에 마음이 아픕니다.

원어민은 이렇게!

fall victim to ~의 희생자가 되다

recipe

☆☆☆

ˈres·ə·pi

⑲ (특정 결과를 야기하는) 방안, 방법

The overdevelopment of land, excessive pollution, and climate change are a **recipe** for disaster for the environment.

지나친 토지 개발, 과도한 오염, 그리고 기후 변화는 환경에 재앙을 야기하는 방법입니다.

원어민은 이렇게!

a recipe for success 성공을 위한 비결

formidable

☆☆

fɔːrˈmɪd·ə·bl

⑲ 엄청난, 만만찮은

Without a doubt, climate change is one of the most **formidable** challenges facing humanity in the 21st century.

의심의 여지 없이, 기후 변화는 21세기에 인류가 직면하고 있는 가장 만만찮은 도전 중에 하나입니다.

propel

☆

prəˈpel

⑧ ~을 촉구하다, 추진하다

Activists hope to **propel** international organizations to enforce laws that will protect the environment.

운동가들은 국제 기구들을 촉구해 환경을 보호할 법이 시행되기를 희망합니다.

hypocritically

ˌhɪp·əˈkrɪt·ɪ·kəl·i

hypocritical ⑱ 위선적인
hypocrite ⑲ 위선자
hypocrisy ⑲ 위선

🕊 위선적으로

Some nations act **hypocritically** by supporting environmental causes while still giving legal protection to major oil companies.

일부 국가들은 환경적 대의명분을 지지하는 동시에 주요 석유 회사들에게 여전히 법적 보호를 제공하면서 위선적으로 행동합니다.

원어민은 이렇게!
behave hypocritically 위선적으로 행동하다

humiliation

hjuːˈmɪl·iˈeɪ·ʃən

humiliate ⑧ 창피를 주다

⑲ 창피, 굴욕(감)

Nowadays, being exposed for animal cruelty causes a lot of **humiliation** and financial damage for companies.

요즘, 동물 학대로 노출되는 것은 회사들에게 있어 많은 굴욕과 재정적인 피해를 초래합니다.

원어민은 이렇게!
to endure humiliation 굴욕을 감내하다
a feeling of humiliation 굴욕감

ban

bæn

⑧ ~을 금지하다

Whale-hunting has been **banned** internationally, but some countries have resumed the practice.

고래잡이는 국제적으로 금지되어 있지만, 일부 국가에선 그 관행을 다시 시작했습니다.

영작에 유용한 배경 지식
전 세계적으로 수집이나 사냥이 금지된 종들에 대한 경각심을 높이기 위해 많은 환경단체는 깃대종(flagship species, 생태계 유지를 위해 특별히 중요한 위치에 있어 보호가 필요한 생물종)을 선두에 세워 사람들이 문제에 대한 경각심을 갖도록 자료 제작 및 배포에 힘쓰고 있다.

conserve

kənˈsɜrv

conservation ⑲ 보존

⑧ ~을 보존하다

Efforts to **conserve** the environment are often hindered by politically-motivated agendas.

환경을 보존하려는 노력은 보통 정치적으로 동기 부여를 받은 안건에 의해 방해받습니다.

campaign

kæm'peɪn

For example, in Canada, several activist groups have been **campaigning** against the construction of a new oil pipeline.

예를 들어, 캐나다에서는 여러 사회 활동 단체들이 새로운 송유관 건설에 반대하는 캠페인을 벌여오고 있습니다.

원어민은 이렇게!

campaign for ~를 위해 운동하다

영작에 유용한 배경 지식

인터넷의 등장으로 많은 환경 보호 운동이 오프라인에서 온라인으로 이동하였고, 더욱 많은 사람들에게 정보를 전달하고 설득하여 환경 보호 운동의 영향력이 더욱 커지고 있다.

Brief Review

✅ 빈칸에 들어갈 알맞은 표현을 박스에서 찾아보세요.

| ① hypocritically | ② crisis | ③ recipe |

1. 위기를 극복하다 overcome _____

2. 성공을 위한 비결 a _____ for success

3. 위선적으로 행동하다 behave _____

✅ 앞서 배운 단어의 뜻을 생각하며 읽어보고 빈칸에 알맞은 단어를 박스에서 찾아보세요.

| ① conserve | ② polluted | ③ campaign | ④ disinterested |

[1]There are many ways to save the environment. [2]For example, many organizations use a flagship species for their environmental **4.** _____.
[3]The thing is, most people nowadays are so busy that they are **5.** _____ in and indifferent to environmental issues. [4]They are not aware of human activities that cause serious damage to the environment. [5]This is because of a lack of proper education and information. [6]By choosing a particular species that can appeal to the general public, conservationist groups can raise public awareness about **6.** _____ natural habitats and threatened animals.
[7]A group of people can upload videos and images with detailed information on the Internet so that people can see them easily. [8]Recent studies in the United States have shown that many people became aware of threats facing the environment and even contributed money to **7.** _____ habitats and protect endangered animals after viewing the visual aids.

해석 1환경을 지킬 수 있는 방법은 많습니다. 2예를 들어, 많은 단체들이 저마다 환경 캠페인을 위해 깃대종을 활용합니다. 3문제는, 요즘 대부분의 사람들이 너무 바빠 환경 문제에 무관심하고 신경을 쓰지 않는다는 것입니다. 4그들은 환경에 심각한 피해를 초래하는 인간 활동에 대해 인식하지 못하고 있습니다. 5이는 적절한 교육과 정보의 부족 때문입니다. 6일반 대중의 관심을 끌 수 있는 특정 종을 선정함으로써, 환경 보존 운동가 단체들은 오염된 천연 서식지와 위협받는 동물들에 대한 대중의 인식을 높일 수 있습니다. 7사람들이 쉽게 볼 수 있도록 한 무리의 사람들은 인터넷에 상세 정보와 함께 동영상과 사진을 업로드할 수 있습니다. 8최근 미국에서 있었던 연구에 따르면, 많은 사람들이 시각 자료를 본 뒤에 환경이 직면하고 있는 위협 요소들을 인식하게 되었고, 심지어 서식지를 보존하고 멸종 위기에 처한 동물들을 보호하기 위해 돈까지 기부한 것으로 나타났습니다.

정답
1. ② 2. ③ 3. ①
4. ③ 5. ④ 6. ② 7. ①

DAY 8

Society and Global Issues
사회와 국제 이슈

suburb
interaction
venue
ignore
subsidy
withdraw
dismiss
prejudice
catastrophic
official
alien
humane
squander
intervene
neutral
boost
desperate
enlightened
alleviate
bilateral

일반 학습 버전

집중 암기 버전

suburb

ˈsʌb·ɝb

suburban ⑲ 교외의

⑲ 교외

Rather than the countryside or the city, many families now choose to live in the **suburbs**, which mostly cater to residential needs.

오늘날에는 많은 가정이 시골 지역이나 도시보다 거주상에 필요한 것 대부분을 충족시켜주는 교외 지역에서 살기로 결정하고 있습니다.

> **고득점 리얼 TIP!**
>
> 교외 지역과 도시 중 어느 곳을 택할 것인지에 대한 주제가 출제되면, 도시에 대한 장점을 언급하는 것이 답변 작성에 좀 더 유리하다. 도시에 산다는 것은 다양한 시설을 유리하게 이용할 수 있으며, 이로 인해 사람들의 교육, 위생, 여가 등 삶의 질을 높인다는 장점이 있다.

interaction

ˌɪn·tərˈæk·ʃən

interact ⑧ 교류하다, 상호작용하다

⑲ 교류, 상호작용

Children who grow up in cities will have more **interactions** with people from different cultures, and thus a greater respect for diversity.

도시에서 자란 아이들은 다양한 문화권의 사람들과 더 많은 교류를 할 것이고, 그에 따라 다양성에 대해 더 큰 존중심을 갖게 됩니다.

> **원어민은 이렇게!**
>
> interaction between ~사이의 교류

venue

ˈven·ju

⑲ 장소

Aside from better schools, there are also museums, zoos, and other educational **venues** in cities.

도시에는 더 나은 학교 외에도 박물관과 동물원을 비롯한 다른 교육적인 장소들도 있습니다.

> **원어민은 이렇게!**
>
> an ideal venue 이상적인 장소

ignore

ɪgˈnɔːr

⑧ ~을 무시하다

Travelers often seek out cultural heritage sites in foreign countries while **ignoring** the important places in their own countries.

여행객들은 흔히 자국의 중요한 곳들은 무시하면서 외국의 문화 유적지들을 찾아나섭니다.

> **원어민은 이렇게!**
>
> ignore regulations 규정을 무시하다

subsidy

ˈsʌb·sə·di

DAY 08

Speaking & Writing

명 보조금

For example, the government provides **subsidies** to farmers when there are bad harvests due to uncontrollable factors.

예를 들어, 정부는 통제 할 수 없는 요인들 때문에 수확량이 좋지 않을 때 농부들에게 보조금을 제공합니다.

원어민은 이렇게!

agricultural subsidy 농업 보조금
eliminate subsidy 보조금을 없애다

고득점 리얼 TIP!

정부 보조금 사용처와 관련된 주제가 종종 출제되는데 아래의 근거로 답변을 만든다.
- 대중성은 떨어지지만 지속적인 연구가 필요한 고고학, 농업 또는 특수 과학 분야와 같은 곳에 유용하게 사용할 수 있음
- 장기적인 관점에서 정부 보조금이 지속적인 연구가 필요한 분야에 힘을 실어 줄 수 있음

withdraw

wɪθˈdrɑː

동 ~을 철회하다

If global organizations **withdraw** their aid to impoverished countries, then a lot of innocent people will suffer.

만약 국제 기구가 빈곤국에 대한 원조를 철회한다면, 많은 무고한 사람들이 고통받을 것입니다.

원어민은 이렇게!

withdraw one's support 지원을 철회하다

dismiss

dɪsˈmɪs

동 (고려할 가치가 없으므로) ~을 묵살하다

Many people **dismiss** the countryside as a place that cannot provide for the educational needs of a child.

많은 사람들이 시골 지역은 아이에게 교육적으로 필요한 것을 제공할 수 없는 곳으로 여겨 고려할 가치가 없다고 일축합니다.

원어민은 이렇게!

dismiss the idea 의견을 묵살하다

prejudice

ˈpredʒ·ə·dɪs

Unfortunately, some individuals still face **prejudices** in the workplace, despite efforts to improve work environments.

안타깝게도 일부 사람들은 업무 환경을 개선하려는 노력에도 불구하고 직장에서 여전히 편견에 직면하고 있습니다.

원어민은 이렇게!

prejudice against ~에 대한 선입견

catastrophic

ˌkæt·ə'strɑ·fɪk

형 비극적인, 처참한

All countries need to work together so that we can effectively respond to **catastrophic** natural disasters.

우리가 처참한 자연 재해에 효과적으로 대응할 수 있도록 모든 국가가 함께 노력할 필요가 있습니다.

원어민은 이렇게!

catastrophic results 비참한 결과

고득점 리얼 TIP!

정부가 시민들이 겪는 모든 어려움에 도움의 손길을 주어야하는가, 지역 사회가 스스로 해결하도록 내버려둬야하는가라는 주제가 빈출되는데, 비극적인 사건 등이 발생할 때 정부의 도움도 중요하지만, 지역 사회 구성원 간의 교류와 협력을 통해 문제를 이겨 나간 사례가 많다는 점을 함께 언급한다면 좋은 답변을 만들 수 있다.

official

ə'fɪʃ·əl

명 공무원, 당국자

If we cannot trust public **officials** to adequately handle national crises, then people will lose trust in their governments.

만약 우리가 국가적 위기에 적절하게 대처하는 당국자들을 신뢰할 수 없다면, 사람들은 자국 정부에 대한 신뢰를 잃을 것입니다.

원어민은 이렇게!

government officials 공무원

✩ alien

ˈeɪ·li·ən

❸ 이국의, 이질적인

When I first traveled abroad, being in an **alien** environment intimidated me, but I soon grew to love it.

제가 처음 해외로 여행을 갔을 때, 이질적인 환경이 저를 겁먹게 했지만, 곧 그것을 아주 좋아하게 되었습니다.

원어민은 이렇게!
an alien culture 이색적인 문화

✩ humane

hjuˈmeɪn

❸ 인도적인

One of the main goals of society has to be guaranteeing the **humane** treatment of all people, no matter their ethnicity, nationality, or religion.

사회의 주요 목적 중 하나는 민족성, 국적, 또는 종교에 상관없이 모든 사람에 대한 인도적인 대우를 보장하는 것이어야 합니다.

원어민은 이렇게!
a humane way 인도주의적 방법

✩ squander

ˈskwɑn·dər

❺ ~을 낭비하다

Young people nowadays might **squander** their opportunities by spending too much of their time on social media.

요즘 젊은이들은 소셜 미디어에 너무 많은 시간을 보내느라 그들의 기회를 낭비할 지도 모릅니다.

원어민은 이렇게!
squander the opportunity 기회를 낭비하다
squander tax 세금을 낭비하다

고득점 리얼 TIP!

요즘 청년들이 자신이 해야 하는 일보다 좋아하는 일에 시간을 낭비하고 있는 가에 대한 주제가 종종 출제되는데 현대 사회의 패러다임이 변화하면서 자신이 좋아하는 일이 곧 직업이 될 수 있고 경력이 될 수 있다는 점을 강조하면 좋은 답변을 만들 수 있다.

intervene

ˌɪn·tərˈvin

intervention 몡 개입, 간섭

동 간섭하다, 개입하다

I believe governments should **intervene** to manage the rapid growth in tourism in a sustainable manner.

관광 산업의 급성장을 지속 가능한 방식으로 관리하기 위해 정부가 개입해야 한다고 생각합니다.

원어민은 이렇게!

intervene in ~에 관여하다

영작에 유용한 배경 지식

정부의 적절한 개입(intervention)은 위태롭고 변동성이 큰 시장을 안정화하는 데 기여할 수 있고, 이러한 정책을 만들기 위해 정부는 국민과 충분한 대화와 협력을 통해 대안을 찾는다.

neutral

ˈnu·trəl

neutrality 몡 중립

형 중립의

For example, a **neutral** country would have to volunteer to hold the peace conference between two warring countries.

예를 들어, 중립국은 전쟁 중인 두 국가 사이에서 평화 회담을 개최하기 위해 자원해야 할 것입니다.

원어민은 이렇게!

remain neutral 중립을 유지하다

boost

buːst

동 ~을 신장시키다, 활성화하다

In contrast, the spread of technology has helped **boost** awareness of human rights across the globe.

대조적으로, 기술의 확산은 세계적으로 인권 의식을 신장시키는 데 도움을 주었습니다.

원어민은 이렇게!

boost the economy 경제를 활성화하다
boost sales 판매량을 높이다

desperate

'des·pər·ət

절박한

Increased competition for jobs makes many people **desperate** to attain a postgraduate degree.
취업에 대해 증가한 경쟁은 많은 사람들이 석사 학위를 얻는 것에 절박하게 만듭니다.

원어민은 이렇게!
desperate desire to do ~하고자 하는 절박한 의지
in desperate need of help 절실한 도움의 필요

enlightened

ɪn'laɪ·tənd

enlighten 동 이해시키다, 계몽하다

형 계몽된, 깨달음을 얻은

I disagree that spending a lot of time overseas is worthless, because I feel **enlightened** whenever I travel abroad.
외국에서 오랜 시간을 보내는 것이 가치 없는 일이라는 점에 동의하지 않는데, 저는 해외 여행을 할 때마다 깨달음을 얻기 때문입니다.

alleviate

ə'li·vi,eɪt

alleviation 명 완화, 경감

동 ~을 완화시키다, 경감하다

Governments have numerous economic tools they can use to **alleviate** the financial difficulties of their citizens.
정부는 자국 국민들의 재정적 어려움을 완화시키는 데 사용할 수 있는 수많은 경제적 수단을 보유하고 있습니다.

원어민은 이렇게!
alleviate discomfort 불안감을 완화시키다

bilateral

baɪ'læt·ər·əl

형 쌍방의

Nations must hold **bilateral** talks to resolve any shared issues between them, such as immigration or drug smuggling.
국가들은 이민이나 마약 밀수와 같이 국가들 사이에 공통된 어떤 사안이든 해결하기 위해 반드시 양자 회담을 개최해야 합니다.

원어민은 이렇게!
a bilateral agreement 상호 합의

DAY
08

Speaking & Writing

Brief Review

✅ 빈칸에 들어갈 알맞은 표현을 박스에서 찾아보세요.

① neutral	② officials	③ dismiss

1. 중립을 유지하다 remain _____
2. 의견을 무시하다 _____ the idea
3. 공무원 government _____

✅ 앞서 배운 단어의 뜻을 생각하며 읽어보고 빈칸에 알맞은 단어를 박스에서 찾아보세요.

① prejudice	② officials	③ ignore	④ interaction

[1]Many people have a strong **4.** _____ that young adults nowadays do not spend enough time helping their communities. [2]It is often said that they are indifferent to society and **5.** _____ social problems. [3]However, that is not true. [4]It is because society has changed. [5]Young adults can help their communities through their computers and smart phones by doing virtual volunteering. [6]In other words, young adults are using their tech skills to improve society. [7]For instance, young adults create intriguing videos or short documentary films that people worldwide can watch to learn about social problems. [8]These visual aids encourage **6.** _____ among young adults in other communities as well. [9]Some may also post articles on their blogs or local websites to efficiently deliver their messages online to other people, even to government **7.** _____.

해석 1 많은 사람들이 요즘 젊은 성인들은 지역 사회를 돕는 데 충분한 시간을 쓰지 않는다는 강한 **편견**을 갖고 있습니다. 2 흔히들 그들이 사회에 무관심하고 사회적 문제들을 **무시한다고** 말합니다. 3 하지만, 이는 사실이 아닙니다. 4 이제 사회가 변했기 때문입니다. 5 젊은 성인들은 컴퓨터와 스마트폰을 통해 온라인 자원봉사를 함으로써 지역 사회를 도울 수 있습니다. 6 다시 말해, 젊은 성인들은 사회를 발전시키기 위해 그들의 기술적인 능력을 활용하고 있습니다. 7 예를 들어, 그들은 전 세계의 사람들이 사회적 문제에 대해 알아가기 위해 볼 수 있는 아주 흥미로운 동영상이나 짧은 다큐멘터리 영화를 만듭니다. 8 이러한 시각 자료들은 다른 지역 사회에 속한 젊은 성인들 사이의 **교류**도 증진시킵니다. 9 일부는 온라인상에서 다른 사람들에게, 심지어 **정부 관계자들**에게도 자신의 메시지를 효율적으로 전달하기 위해 블로그나 지역 웹 사이트에 기사를 게시하기도 합니다.

정답

1. ① 2. ③ 3. ②
4. ① 5. ③ 6. ④ 7. ②

DAY 9

Money and Business
자본과 사업

entice
innovation
domestic
afford
conservative
coin
acquire
curtail
plummet
expedite
deter
manipulate
specify
shrink
overtake
earn
frugal
initiate
underfunded
nerve

일반 학습 버전

집중 암기 버전

entice

ɪnˈtaɪs

동 ~을 유인하다, 유혹하다

Government stimulus plans **entice** people to spend money in order to boost the economy.

정부의 경기 부양책은 경제를 활성화시키기 위해 사람들이 돈을 지출하도록 유혹합니다.

원어민은 이렇게!

entice consumers 고객을 매혹하다

innovation

ˌɪn·əˈveɪ·ʃən

innovative 형 혁신적인, 획기적인

명 혁신

Innovation is crucial for any new business entering into an established industry.

혁신은 기존에 자리잡힌 업계에 진입하려는 모든 신생 업체에게 중요합니다.

원어민은 이렇게!

the latest innovation 최근의 혁신
constant innovation 지속적인 혁신
innovation in ~에서의 혁신

고득점 리얼 TIP!

현대 사회에 가장 큰 영향을 미친 혁신이 무엇인지 묻는 문제가 나오면 스마트폰을 언급하면서 그 이유로 사람들이 시간적 그리고 공간적 제약을 받지 않고 다양한 일을 수행할 수 있기 때문이라고 답변하는 것도 좋은 방법이다.

domestic

dəˈmes·tɪk

형 국내의, 가정의

People may choose to only buy from **domestic** companies in order to support their country's economy.

사람들은 자국의 경제를 지원하기 위해 국내 기업들을 통해서만 구매하기로 결정할 수도 있습니다.

원어민은 이렇게!

domestic production 국내 생산

afford

əˈfɔːrd

동 (금전적 혹은 시간적) 여유가 있다

For instance, when people cannot **afford** groceries or utilities, they may have to take out short-term loans to cover the cost.

예를 들어, 사람들이 식료품을 구입하거나 공과금을 낼 여유가 없을 때, 그 비용을 부담하기 위해 단기 대출을 받아야 할 수도 있습니다.

원어민은 이렇게!

afford to do ~할 여유가 있다

conservative

kən'sɜr·və·tɪv

형 신중한, 보수적인

Without a doubt, it is better to be **conservative** with your spending and plan for long-term savings.

의심의 여지 없이, 소비에 대해 신중하면서 장기 저축을 위한 계획을 세우는 것이 더 낫습니다.

원어민은 이렇게!
a conservative approach 보수적인 접근

coin

kɔɪn

동 (새로운 말) ~을 만들다

The investment scandal was so infamous that a new term was **coined** to describe such a scam: a Ponzi scheme.

그 투자 스캔들은 워낙 악명이 높아서 그와 같은 사기를 묘사하기 위해 폰지 사기(다단계 금융 사기)라는 새로운 용어가 만들어졌습니다.

원어민은 이렇게!
coin the term 용어를 만들다

acquire

ə'kwaɪər

acquisition **명** 습득, 인수

동 ~을 얻다

In order to **acquire** wealth over a long period, people need to make wise investments with their money.

오랜 기간에 걸쳐 부를 획득하기 위해, 사람들은 자신의 돈으로 현명한 투자를 할 필요가 있습니다.

원어민은 이렇게!
acquire control of ~의 권한을 인수하다
be acquired by ~에 의해 인수되다
acquire new skills 새로운 기술을 배우다

고득점 리얼 TIP!

성공을 위해 창업을 할지, 직장을 다닐지에 대한 주제가 종종 출제되는데, 사업주가 될 경우에는 자금 유동성 및 시간 활용에 따른 장점과 직장인의 안정적인 수입을 비교하면 좋은 답변을 만들 수 있다.

curtail

kər'teɪl

동 ~을 축소시키다, 삭감하다

Government intervention, through subsidies and adjustments to interest rates, can **curtail** economic downturns.

보조금이나 금리 조정을 통한 정부 개입이 경기 침체를 축소시킬 수 있습니다.

☆ plummet

'plʌm·ɪt

동 곤두박질치다

Financial markets tend to **plummet** when international crises, such as war or natural disasters, occur.

금융 시장은 전쟁이나 자연 재해와 같은 국제적인 위기가 발생할 때 곤두박질치는 경향이 있습니다.

영작에 유용한 배경 지식

물가와 부동산 가격이 폭등하는 것과 같은 거품 경제 현상은 국가 경제의 급격한 붕괴로 이어질 수 있는데, 이와 관련된 대표적인 사례로 닷컴 버블과 튤립 버블 현상이 있다.

▶ 닷컴 버블(dot-com bubble): 인터넷과 관련된 산업이 발전하면서 산업 국가의 주식 시장에서 지분 금액이 급격하게 오른 1995년부터 2000년에 발생한 거품 경제 현상

▶ 튤립 버블(tulip bubble): 17세기에 네덜란드에서 튤립의 판매를 둘러싸고 일어난 투기 현상. 16세기 중반부터 튤립이 인기를 끌면서 일어났으며, 최초의 경제 버블 현상으로 평가된다. 튤립의 구근이 높은 계약 가격으로 팔리다가 1637년에 튤립의 가격 구조가 붕괴되면서 많은 투자자가 파산하게 된 사건

☆☆ expedite

'ek·spɪˌdaɪt

동 ~을 가속화하다

The government cut the interest rate to **expedite** the economic recovery.

정부가 경기 회복을 가속화하기 위해 금리를 낮췄습니다.

원어민은 이렇게!

expedite the process 과정을 가속화하다

☆ deter

dɪ't3r

동 ~을 단념시키다, 그만두게 하다

Many people are **deterred** from investing in long-term savings plans because they don't fully understand their options.

많은 사람들이 자신의 선택권을 완전히 이해하지 못하기 때문에 장기 저축 계획에 투자하는 것을 단념합니다.

원어민은 이렇게!

deter A from doing A가 ~하는 것을 방해하다

manipulate

mə'nɪp·jə‚leɪt

manipulation 명 조작, 속임수

동 ~을 조종하다

Laws and regulations prevent large companies from **manipulating** the market for their own benefit.

법과 규제는 대기업들이 자신들의 이익을 위해 시장을 조종하는 것을 막아줍니다.

specify

'spes·ə‚faɪ

specific 형 구체적인

동 ~을 명시하다

In order to save money, it is necessary to **specify** the items that we need before purchasing goods.

돈을 절약하기 위해서는 물건을 구매하기 전에 필요한 물건을 명시해 보는 것이 중요합니다.

고득점 리얼 TIP!

즉흥적인 소비와 계획적인 소비에 대한 주제가 등장할 때 즐거움보다는 계획적인 소비를 선택하는 것이 좋으며, 구체적이고 신중한 구매를 통해 돈을 아낄 수 있을 뿐만 아니라 더욱 높은 질의 제품을 구입할 수 있다는 점을 강조한다.

shrink

ʃrɪŋk

동 위축되다, 움츠러들다

According to reliable statistics, if the largest company in my country were to suddenly go bankrupt, the national economy would **shrink** by 40%.

믿을 만한 통계에 의하면, 만약 우리 나라에서 가장 큰 기업이 갑자기 파산하게 된다면, 국가 경제의 40퍼센트가 위축될 것입니다.

원어민은 이렇게!

shrink from A to B A에서 B로 감소하다

overtake

‚oʊ·vər'teɪk

동 ~을 앞지르다

Many experts anticipate China may **overtake** the United States as the richest country within the next decade.

많은 전문가들이 중국이 향후 10년 내에 가장 부유한 국가로 미국을 앞지를 수도 있다고 예측합니다.

earn

3rn

⑧ (돈을) 벌다

In my opinion, professional athletes **earn** too much money.

제 생각에, 프로 운동선수들은 아주 많은 돈을 벌고 있습니다.

원어민은 이렇게!

earn a living 먹고살 만큼 벌다

고득점 리얼 TIP!

연예인 또는 프로 운동 선수가 많은 연봉을 받는 것이 합당한가에 대한 주제가 종종 출제되는데, 이들은 대중에게 즐거움과 희망을 선사할 뿐만 아니라 이들의 재능으로 발생하는 국가적 경제 효과가 클 수도 있다는 점을 근거로 활용한다면 좋은 답변을 만들 수 있다.

frugal

ˈfru·gəl

⑱ 절약하는

For example, my uncle was **frugal** with money his entire life, so he had over a million dollars saved by the time he retired.

예를 들어, 제 삼촌은 평생 돈을 절약했기 때문에, 퇴직할 때쯤 백만 달러가 넘는 돈을 저축해 뒀습니다.

원어민은 이렇게!

a frugal lifestyle 검소한 생활

initiate

ɪˈnɪʃ·iˌeɪt

⑧ ~을 개시하다

In response, the government **initiated** the creation of new regulations to ensure tax funds would not be misspent.

이에 대응하여, 정부는 세금 자산이 잘못 사용되지 않도록 보장하기 위해 새로운 규제 신설에 착수했습니다.

underfunded

ˌʌn·dərˈfʌn·dɪd

⑱ 자금 부족을 겪는

If the government supports corporations too much, then environmental efforts will become **underfunded**.

만약 정부가 기업들을 너무 많이 지원한다면, 환경 운동은 자금 부족을 겪게 될 것입니다.

원어민은 이렇게!

seriously underfunded 심각하게 자금 부족을 겪는

nerve

nɜrv

DAY
09

Speaking & Writing

명 대담함, 배짱

Entrepreneurs require a lot of **nerve** to take necessary risks with their investments.

기업가는 자신의 투자에 대해 불가피한 위험성을 받아들일 수 있는 많은 배짱이 필요합니다.

원어민은 이렇게!
have the nerve to do ~할 용기를 가지다

✅ 빈칸에 들어갈 알맞은 표현을 박스에서 찾아보세요.

① coin	② earn	③ domestic

1. 용어를 만들다 _____ the term
2. 국내 생산 _____ production
3. 먹고 살만큼 벌다 _____ a living

✅ 앞서 배운 단어의 뜻을 생각하며 읽어보고 빈칸에 알맞은 단어를 박스에서 찾아보세요.

① plummet	② earning	③ initiate	④ acquired

[1]I strongly believe that companies should do anything to make a profit. [2]The efforts of companies can change the whole world. [3]The products or services provided by a business can help solve a tremendous amount of problems concerning diseases, social issues, and pollution. [4]By 4. _____ money, businesses can donate to and support organizations as well. [5]However, innovation and quality products can only be 5. _____ through fierce competition and constant challenge. [6]Any means should be employed to conduct market research and satisfy the needs of consumers. [7]However, companies would not be able to 6. _____ new projects if they failed to launch a product successfully because of technical legal issues or subjective moral standards. [8]The value of the company would 7. _____ and its reputation would suffer. [9]Some unpleasant things and sacrifices are necessary in order to achieve great goals.

해석 1 저는 회사들이 수익을 내기 위해서는 무엇이든 해야 한다고 굳게 믿습니다. 2 회사의 노력이 온 세상을 바꿀 수 있습니다. 3 한 업체의 제품이나 서비스가 질병, 사회적 문제, 그리고 오염과 관련된 수많은 문제들을 해결하는 데 도움이 될 수 있습니다. 4 돈을 **벌어들임**으로써, 사업체들은 기부도 하고 단체들을 지원할 수도 있습니다. 5 하지만, 혁신과 양질의 제품은 오직 치열한 경쟁과 지속적인 도전을 통해서만 **얻어질** 수 있습니다. 6 시장 조사를 시행하고 소비자들의 필요를 충족하기 위해 어떤 수단이든 활용되어야 합니다. 7 하지만, 회사들은 전문적이고 법적인 문제 또는 주관적인 도덕적 기준 때문에 성공적으로 제품을 출시하는 것에 실패한다면 새로운 프로젝트를 **시작할** 수 없을 것입니다. 8회 사의 가치는 **곤두박질치고** 평판 또한 악화될 것입니다. 9 일부 불만족스러운 부분과 희생은 훌륭한 목표를 달성하기 위해 필수적입니다.

정답
1. ① 2. ③ 3. ②
4. ② 5. ④ 6. ③ 7. ①

DAY 10

Health and Technology
건강과 기술

diet
maintain
cycle lane
illness
novel
neglectful
additive
strenuous
mass
requisite
advance
process
realm
cure
salient
medium
famine
ubiquitous
exact
crash

일반 학습 버전

집중 암기 버전

✦ diet

'daɪ·ɪt

The main advice I would give someone who wants to be healthy is to exercise and manage their **diet**.

건강해지고 싶은 사람에게 제가 해주고 싶은 가장 중요한 조언은 운동과 식단 관리입니다.

원어민은 이렇게!

a nutritious diet 영양이 풍부한 식단
live on a diet of ~을 주식으로 하다, ~을 먹으며 살다
go on a diet 다이어트를 시작하다

영작에 유용한 배경 지식

올바른 식단은 현대 사회를 살아가는 사람들에게 가장 중요한 부분 중 하나이며, 오늘날에는 인터넷을 통해 음식에 관한 올바른 정보를 얻고 좋은 재료를 누구나 쉽게 구할 수 있게 되었다.

✦ maintain

meɪn'teɪn

동 ~을 유지하다

Second, exercise is crucial for **maintaining** your health as you age.

둘째로, 운동은 나이가 들어감에 따라 건강을 유지하는 데 중요합니다.

원어민은 이렇게!

standards to maintain 유지해야 할 기준
maintain good heart health 좋은 심장건강을 유지하다
maintain current weight 현재 체중을 유지하다

✦ cycle lane

'saɪ·kəl ˌleɪn

명 자전거 전용도로

A recent survey revealed that 30% more people would bike to work if there were dedicated **cycle lanes** available in their area.

최근 설문 조사에 따르면, 지역 내에 이용 가능한 자전거 전용도로가 있을 시 30 퍼센트의 더 많은 사람들이 자전거를 타고 출근할 것으로 나타났습니다.

원어민은 이렇게!

provide cycle lane 자전거 도로를 제공하다

영작에 유용한 배경 지식

대표적인 친환경 정책 중 하나가 자전거를 이용해 이동하는 것이며, 실제로 많은 국가들이 이 정책을 통해 시민의 건강과 환경 보호에 긍정적인 결과를 얻고 있다.

illness

ɪl·nəs

A poor diet can also lead to a variety of serious **illnesses**, such as diabetes and high blood pressure.

부실한 식단은 당뇨나 고혈압 같은 여러 심각한 질병을 초래할 수 있습니다.

원어민은 이렇게!
mental illness 정신 질환
a long illness 장기간의 투병

novel

nɑv·əl

형 참신한, 새로운

Novel medications and treatments have helped people to live longer and healthier lives.

새로운 약물과 치료가 사람들이 더 오래 그리고 더 건강히 살도록 도움이 되어 오고 있습니다.

원어민은 이렇게!
novel idea 참신한 발상

neglectful

nɪˈglekt·fəl

형 태만한, 소홀한

People with busy lifestyles are often **neglectful** of their health.

바쁜 생활 방식을 지닌 사람들은 보통 자신의 건강에 소홀합니다.

원어민은 이렇게!
be neglectful of ~를 등한시하다

additive

ˈæd·ə·tɪv

add 동 더하다, 첨가하다

명 첨가물

For example, organic foods do not have any chemical **additives**, so they are healthier for you overall.

예를 들어, 유기농 식품에는 어떠한 화학 첨가물도 들어 있지 않기 때문에, 대체로 사람들의 건강에 더 좋습니다.

원어민은 이렇게!
be full of additives 첨가제로 가득차다
food additives 식품 첨가제

DAY
10

Speaking & Writing

strenuous

ˈstren·ju·əs

(형) 힘이 많이 드는

As for the benefits, automation reduces the amount of **strenuous** physical labor that humans are required to perform.

이점과 관련해서는, 자동화는 인간에게 요구되는 힘이 많이 드는 육체 노동량을 줄여줍니다.

> 원어민은 이렇게!
strenuous exercise 과격한 운동

mass

mæs

(형) 대량의, 대규모의

A common argument against AI is that its development will lead to **mass** unemployment, especially in manufacturing.

인공 지능에 반대하는 일반적인 주장은 인공 지능의 개발이 특히 제조업에서 대규모 실업으로 이어질 것이라는 점입니다.

> 원어민은 이렇게!
mass media 대중매체
mass extinction 집단멸종

requisite

ˈrek·wə·zɪt

(형) 필요한

Technical literacy is now a **requisite** skill in every field of work.

기술적 소양은 이제 모든 직업 분야에서 필요한 능력입니다.

> 원어민은 이렇게!
requisite experience 필요한 경험

advance

əd'væns

(명) 진보, 발전

Medical **advances** in the 20th century completely wiped out some of the deadliest diseases known to man.

20세기의 의학 발전은 인류에게 알려진 가장 치명적인 질병들 중 일부를 완전히 없애버렸습니다.

> 원어민은 이렇게!
advance in ~의 발전, 진보

process

'prɑs·es

⑧ ~을 처리하다, 가공하다

First, as computer technology continues to improve, vast sets of data can be **processed** at incredibly fast rates.

첫째로, 컴퓨터 기술이 계속 진보하고 있기 때문에, 방대한 양의 집합 데이터가 믿을 수 없을 정도의 빠른 속도로 처리될 수 있습니다.

원어민은 이렇게!
process waste 쓰레기를 처리하다
processed food 가공 식품

realm

relm

⑨ 영역, 범위

New techniques are being developed every day that are completely new to the **realm** of medical science.

의료 과학 영역에서는 완전히 새로운 영역의 신기술들이 매일 개발되고 있습니다.

원어민은 이렇게!
in the realm of ~의 영역에서

cure

kjʊər

⑧ ~을 치료하다

Because of the medical technology available to the doctor, he was able to diagnose my illness and **cure** me.

의사가 이용할 수 있는 의료 기술 때문에, 그는 제 병을 진단하고 치료할 수 있었습니다.

기출빅데이터가 알려주는 출제포인트
명사로도 사용되는 단어로, '치료'라는 의미를 나타낸다.
▸ cure for disease 질병 해결책, 질병 치료

salient

'seɪ·li·ənt

⑧ 가장 두드러진

The **salient** points of the article highlight the benefits of an automated workforce on the economy.

기사에서 가장 두드러진 점은 경제에 있어 자동화된 노동력의 이점을 강조하고 있다는 것입니다.

원어민은 이렇게!
salient features 눈에 띄는 특징
salient facts 눈에 띄는 사실

medium

'mid·i·əm

명 매체, 수단

In the near future, online classes will most likely become the most used **medium** for education and job training.

가까운 미래에, 온라인 수업이 교육이나 직무 교육에 가장 많이 활용되는 수단이 될 가능성이 큽니다.

marketing medium 마케팅 수단
a medium for ~를 위한 수단

가족의 경험, 도서관의 책, 공공 교육 등에만 의지해야 했던 학생들이 온라인 미디어의 발달로 인해 보다 쉽게 정보를 얻거나 직간접적으로 경험을 할 수 있게 되었다.

famine

'fæm·ən

명 기근

Genetically modified crops also have the potential to prevent **famine** in some of the world's poorest regions.

유전자 변형 작물은 일부 세계 최대 빈민 지역에서 기근을 막아줄 잠재성도 지니고 있습니다.

widespread famine 광범위한 기근

ubiquitous

ju:'bɪk·wə·təs

형 어디에나 있는

Nowadays, invasive personalized advertisements are **ubiquitous** on the Internet.

요즘에는 도를 넘는 개인 맞춤형 광고가 인터넷 상 어디에나 있습니다.

the most ubiquitous evidence 가장 흔한 예시

exact

ɪɡ'zækt

형 정확한

With advanced medical technologies, we can make **exact** predictions about an individual's health problems.

우리는 발달된 의학 기술로 개개인의 건강 문제에 대해 정확한 예견을 할 수 있습니다.

exact distance 정확한 거리
exact location 정확한 위치

crash

kræʃ

명 (컴퓨터나 시스템의 갑작스런) 고장, 충돌

Also, as we become more dependent on AI technology, we make ourselves more vulnerable to the serious effects of system **crashes**.

또한, 우리가 인공 지능 기술에 더 의존하게 되면서, 우리는 시스템 고장의 심각한 영향에 스스로를 더 취약하게 만들고 있습니다.

원어민은 이렇게!

server crashes 서버 충돌

Brief Review

✔ 빈칸에 들어갈 알맞은 표현을 박스에서 찾아보세요.

① famine	② maintain	③ medium
④ mass	⑤ illness	⑥ additives

1. 광범위한 기근 widespread _____
2. 식품 첨가제 food _____
3. 마케팅 수단 marketing _____
4. 현재 체중을 유지하다 _____ current weight
5. 집단 멸종 _____ extinction
6. 정신질환 mental _____

✔ 앞서 배운 단어의 뜻을 생각하며 읽어보고 빈칸에 알맞은 단어를 박스에서 찾아보세요.

① illness	② exact	③ diet	④ advances

[1]Thanks to recent **7.** _____ in technology, people nowadays can enjoy healthier lives than those in the past. [2]First and foremost, the Internet has made information readily available. [3]Decades ago, it was not easy for people to deal with **8.** _____. [4]They had to travel great distances to get medicine or see doctors. [5]But nowadays, people can easily access the Internet to ask experts questions about their symptoms and even receive a diagnosis of their health conditions. [6]People can also read articles from medical journals to get the **9.** _____ information they need whenever they want. [7]Moreover, recipes and tips on the Internet allow people to enjoy a healthier **10.** _____ and keep themselves fit. [8]Preparing balanced, nutritious meals is no longer a difficult task for people because of the Internet.

해석 1 최근의 기술 발전 덕분에, 요즘 사람들은 과거의 사람들보다 더 건강한 삶을 누릴 수 있습니다. 2 가장 중요한 첫 번째는, 인터넷이 정보를 쉽게 이용 가능하도록 만들어왔다는 점입니다. 3 수십 년 전에는, 사람들이 질병에 대처하는 것이 쉽지 않았습니다. 4 아주 멀리 떨어진 곳을 방문해 약을 구하거나 의사의 진찰을 받아야 했습니다. 5 하지만 요즘은, 사람들이 쉽게 인터넷에 접속해 자신의 증상과 관련해 전문가에게 질문을 하거나 심지어 건강 상태에 대해 진단을 받을 수 있습니다. 6 사람들은 또한 의학 저널의 기사를 읽어 원할 때마다 필요로 하는 정확한 정보를 얻을 수 있습니다. 7 게다가, 인터넷의 조리법과 조언으로 인해 사람들이 더 건강한 식사를 즐기고 신체를 건강하게 유지할 수 있습니다. 8 인터넷으로 인해 영양가 있고 균형 잡힌 식사를 준비하는 것은 더 이상 사람들에게 어려운 일이 아닙니다.

정답
1. ① 2. ⑥ 3. ③ 4. ② 5. ④ 6. ⑤
7. ④ 8. ① 9. ② 10. ③

통합형 주제별 필수 어휘

Integrated Type

TOEFL 열쇠는 바로 3단 구조와 빈출 어휘

토플의 스피킹과 라이팅은 통합형 영역이 존재한다. 다시 말해 글을 읽어야 하는 '지문'과 들어야 하는 '강의' 두 가지가 동시에 제공된다는 것이다. 그래서 두려워하는 학생들이 많다. 그러나 Reading 또는 Listening 파트보다 간결하고 논리 정연한 지문과 강의가 출제된다! 따라서 빈출되는 컨텐츠의 구조와 어휘를 이해한다면, 통합형 문제는 빠르게 해결이 가능하다.

토플 스피킹과 라이팅 통합형 컨텐츠의 빈출 구조는 바로 [주장(claim)-근거(reason)-예시(evidence)]의 3단 구조이다. 예를 들어, 먹이를 찾기 힘든 눈이 덮인 산의 독수리가 지문에 등장한다고 가정해보자. 그 지문은 독수리가 먹이를 찾기 위해 갖게 된 특징(feature) 또는 진화(adaptation)를 제시하게 될 것이다. 이 특징이나 진화가 바로 지문의 주제가 된다. 이 경우 다음과 같은 3단 구조를 갖게 된다.

- 주장(claim): 눈이 덮인 지역에 사는 독수리는 긴 날개를 가지고 있음
- 근거(reason): 긴 날개를 통해 많이 움직이지 않고도 바람을 타고 멀리 날 수 있기 때문
- 예시(evidence): 눈 덮인 특정 지역에 사는 긴 날개를 가진 특정 독수리 언급

통합형은 위와 같은 3단 구조로 거의 모든 지문을 구성한다. 반대로 말하면 통합형에 출제되는 내용은 이 3단계 구조가 간결한 길이로 서술이 가능한 내용이라는 것이다! 여러분들은 간단하게 주장/근거/예시 칸을 미리 적어두고 연필을 손에 쥐고 힌트를 기다리기만 하면 된다.

토플 스피킹과 라이팅 통합형 컨텐츠의 빈출 어휘는 이 챕터에서 정리하였다. 뿐만 아니라 빈출 되는 지문이나 강의 내용을 공개하고, 관련된 기초적인 배경 지식을 정리하였다. 통합형이 두려웠던 학습자는 단어 암기를 하기 전에 우선 천천히 예문과 출제포인트 및 배경 지식을 읽어볼 것을 권장한다. 토플 통합형은 구조와 어휘에 대한 이해로 쉽게 극복할 수 있는 영역이라는 것을 잊지 말고 더 이상 두려워하지 말자.

DAY 11

University Policy 대학 정책
Events 행사 &

facilitate
participate
subjective
design
exceed
ease
objective
convincing
reputation
prospect
acknowledge
degenerate
designate
estimate
compromise
gain
eliminate
substantial
skeptical
undertake

일반 학습 버전

집중 암기 버전

facilitate

fəˈsɪl·əˌteɪt

~을 용이하게 하다

To **facilitate** learning, the university plans to provide free tutoring for many first-year students.

학습을 용이하게 하기 위해, 대학은 많은 1학년 학생들에게 무료 상담을 제공하는 것을 계획한다.

원어민은 이렇게!

facilitate learning 학습을 용이하게 하다
facilitate the discussion 논의를 원활하게 만들다
be designed to facilitate 용이하게 하도록 고안되다

토플이 좋아하는 전공 기초 지식

학습을 용이하게 하기 위한 대학교 프로그램은 멘토링 프로그램과 학습지도 전문가 상담, 그리고 교수님 면담 등이 있다.

노트테이킹은 이렇게!

축약 위 단어는 'facil-' 까지만 필기한다.

---

participate

pɑrˈtɪs·əˌpeɪt

participation 명 참여

동 참여하다

Participating in after-school programs with elementary school kids is one way to get extra credit.

초등학교 아이들과 함께 하는 방과후 프로그램에 참여하는 것은 추가 수업 점수를 얻는 한 가지 방법이다.

원어민은 이렇게!

actively participate in ~에 적극적으로 참여하다
have the opportunity to participate 참여할 기회를 갖다

노트테이킹은 이렇게!

축약 위 단어는 'partic-' 까지만 필기한다.

---

subjective

səbˈdʒek·tɪv

형 주관적인

Whether or not the enhancing of campus security is necessary is **subjective**.

캠퍼스 보안을 강화하는 것이 필수적인지 아닌지는 주관적이다.

원어민은 이렇게!

subjective criteria 주관적 기준
subjective interpretation 주관적 해석

노트테이킹은 이렇게!

축약 위 단어는 'subj-' 까지만 필기한다.

design

dɪˈzaɪn

~을 고안하다

Art students will be asked to **design** a logo for the upcoming fashion show.

미술 전공 학생들은 다가오는 패션쇼에 필요한 로고를 고안하도록 요청받을 것이다.

노트테이킹은 이렇게!

키워드 키워드일 확률이 높아 반드시 full spelling으로 작성한다.

exceed

ɪkˈsid

⑤ ~을 넘다

The career fair held last month really **exceeded** everyone's expectations.

지난달 개최된 취업 박람회가 정말 모두의 기대를 뛰어넘었다.

원어민은 이렇게!

be likely to exceed ~을 초과할 것 같다

노트테이킹은 이렇게!

키워드 키워드일 확률이 높아 반드시 full spelling으로 작성한다.

ease

iz

⑤ 편해지다, 편하게 하다

The welcome event is organized to help new students **ease** into life here at the university.

환영 행사는 신입생들이 이곳 대학에서의 삶에 친숙해지도록 돕기 위해 마련된 것이다.

원어민은 이렇게!

ease the problem 문제를 용이하게 만들다
ease the burden 부담을 줄여주다

기출빅데이터가 알려주는 출제포인트

신입생을 위한 오리엔테이션 프로그램 제공은 빈출 주제이며, 수강 신청과 수업 준비에 어려움을 겪을 신규생들의 고민을 덜어주고 학습 준비의 부담을 덜어줄 수 있다는 내용이 자주 등장한다.

토플이 좋아하는 전공 기초 지식

신입생을 위한 오리엔테이션 프로그램에 참석할 경우, 대학 생활 전반에 관련된 지식을 제공하고 선후배 간의 좋은 관계를 형성하는 등 다양한 이점이 있다.

노트테이킹은 이렇게!

키워드 키워드일 확률이 높아 반드시 full spelling으로 작성한다.

DAY
11

Speaking & Writing

objective

əbˈdʒek·tɪv

🅟 목적, 목표

The **objective** of the monthly newsletter is to keep students informed about news and events.
월간 소식지의 목적은 뉴스와 행사에 관해 학생들에게 계속 정보가 제공되도록 하는 것이다.

원어민은 이렇게!
primary objectives 1차적인 목표, 주목적
ultimate objectives 궁극적인 목표
long-term objectives 장기 목적

convincing

kənˈvɪn·sɪŋ

🅐 설득력 있는

He made a **convincing** point about shortening the student advisory meetings.
그는 학생 자문 회의를 단축하는 것에 대해 설득력 있는 주장을 했다.

원어민은 이렇게!
convincing speech 설득력 있는 연설
convincing evidence 설득력 있는 근거
a convincing argument 설득력 있는 주장

노트테이킹은 이렇게!
축약 위 단어는 'convin-' 까지만 필기한다.

reputation

ˌrep·jəˈteɪ·ʃən

🅝 명성, 평판

Everyone involved in the music competition should do their best to boost our school's **reputation**.
음악 경연 대회에 관여된 모든 사람들이 우리 학교의 명성을 높이기 위해 최선을 다해야 한다.

원어민은 이렇게!
gain reputation 명성을 얻다
build a good reputation 좋은 평판을 쌓다
poor reputation 나쁜 평판
a loss of reputation 명성의 상실

기출빅데이터가 알려주는 출제포인트
학교의 명성을 높여 신입생 입학을 높이는 방안을 다루는 내용은 빈출주제이며, 특히 시설 수리, 다양한 클럽활동, 장학금 제공 등과 관련된 내용을 자주 다룬다.

노트테이킹은 이렇게!
축약 위 단어는 'reputa-' 까지만 필기한다.

prospect

'pras·pekt

명 전망, 과제

The careers advisor can let students know about their **prospects** in any given field.

진로 상담사는 어떤 주어진 분야에서든 학생들에게 그 전망에 관해 알려줄 수 있다.

토플이 좋아하는 전공 기초 지식

많은 대학교에 학생들의 상담을 맡는 상담 전문가(advisor)가 있으며, 학교 홈페이지나 친구들이 제공하지 못하는 정보를 적극적으로 제공한다.

노트테이킹은 이렇게!

키워드 | 키워드일 확률이 높아 반드시 full spelling으로 작성한다.

acknowledge

ək'nɑː·lɪdʒ

동 ~을 인정하다

Most advisors **acknowledge** that coursework deadlines are occasionally very difficult to meet.

대부분의 상담사는 때때로 수업 과제를 마감일에 맞추는 것이 어렵다는 것을 인정한다.

원어민은 이렇게!

acknowledge mistakes 실수를 인정하다
officially acknowledge 공식적으로 인정하다
be universally acknowledged 일반적으로 인정되다

degenerate

dɪ'dʒen·ə,reɪt

degeneration 명 악화, 퇴보

동 ~을 악화시키다

A lack of proper maintenance has **degenerated** the condition of the university gym.

제대로 된 관리의 부족이 대학 체육관의 상태를 악화시켰다.

원어민은 이렇게!

degenerating standards 떨어지는 기준

토플이 좋아하는 전공 기초 지식

대학의 재정 상태 악화(degeneration)는 곧 학생들의 생활의 질과 직접적으로 연관되어 있는데, 재정 유지를 위한 수익 창출은 대학의 중대한 문제이다. 대학의 대표적인 수익 창출 방법은 스포츠팀, 방송국, 또는 음악 연주회 등 다양한 프로그램을 운영하여 자금을 유치하고 이윤을 발생시키는 것이다.

노트테이킹은 이렇게!

축약 | 위 단어는 'degene-' 까지만 필기한다.

designate
ˈdez·ɪɡˌneɪt

⑧ ~을 지정하다

A personal parking space is **designated** for each faculty member.
각 교수에게 개인 주차 공간이 지정되어 있다.

원어민은 이렇게!
be designated for ~를 위해 지정되다

estimate
ˈes·tə·meɪt

⑧ ~을 측정하다

We **estimate** that our enrollment rate will increase by 5 percent as a result of the ad campaign.
우리는 등록률이 광고 캠페인에 따른 결과로 5퍼센트 증가할 것으로 추정한다.

compromise
ˈkɑm·prəˌmaɪz

⑧ 타협하다, (원칙을) 굽히다, 양보하다

The college doesn't want to **compromise** the security of its student database.
그 대학은 학생 데이터베이스의 보안 문제에 있어 타협하기를 원하지 않는다.

원어민은 이렇게!
be unwilling to compromise 협의하길 원치않다
refuse to compromise 협의를 거절하다

기출빅데이터가 알려주는 출제포인트

교내 신문사와 관련된 주제로 매주 또는 한달 단위로 신문이 출간되게 되는데, 기사나 사진의 질이 낮을 경우 신문이 발행되는 기간을 여유롭게 잡을지 아니면 질이 낮더라도 그 발행 주기를 맞출지 고민하는 학생들의 내용이 빈출되고 있다.

gain
geɪn

⑧ ~을 얻다

The badminton club has **gained** more than 50 new members over the last year.
배드민턴 동아리가 지난 한 해 동안 50명이 넘는 신입 회원을 얻었다.

원어민은 이렇게!
gain some experience 경험을 얻다
gain confidence 자신감을 얻다

노트테이킹은 이렇게!
키워드 키워드일 확률이 높아 반드시 full spelling으로 작성한다.

eliminate

ɪˈlɪm·əˌneɪt

~을 제거하다

The cafeteria plans to **eliminate** all unhealthy food and drink from its menu.

구내 식당은 건강에 좋지 않은 모든 음식과 음료를 메뉴에서 없앨 계획이다.

> **기출빅데이터가 알려주는 출제포인트**
>
> 대학 측에서 시설 운영 방침을 갑작스럽게 변경하는 사례(버스 노선 폐지나 교내 구내 식당의 메뉴 변경 등)가 많으며, 이에 반발한 학생들의 대화가 자주 등장한다.

substantial

səbˈstæn·ʃəl

⑧ 상당한

The school saved a **substantial** amount of money by holding this year's prom on-campus.

그 학교는 올해의 졸업 무도회를 교내에서 개최함으로써 상당한 액수의 금액을 절약했다.

> **원어민은 이렇게!**
>
> substantial difference 상당한 차이
> substantial amount of money 상당한 액수의 금액

skeptical

ˈskep·tɪ·kəl

⑧ 회의적인

Some students are **skeptical** about the library's new policy on short-term loans.

일부 학생들은 단기 대출에 대한 도서관의 신규 정책에 대해 회의적이다.

> **원어민은 이렇게!**
>
> remain skeptical 회의적인 태도를 유지하다
> be skeptical about ~에 대해 회의적이다

> **기출빅데이터가 알려주는 출제포인트**
>
> 화자가 학교 측의 기획안을 반대하는 대화가 빈출되는데, 기획안에 대한 화자의 회의적인 태도와 이에 대한 이유로 제시한 예시, 이렇게 두 가지를 포인트로 잡고 답변을 만들면 고득점을 받을 수 있다.

undertake

ˌʌn·dərˈteɪk

⑤ ~을 착수하다

Many students **undertake** extra computing courses in their free time.

많은 학생들이 자유 시간에 별도의 컴퓨터 강좌에 착수한다.

Brief Review

✅ 빈칸에 들어갈 알맞은 표현을 박스에서 찾아보세요.

① subjective	② substantial	③ ease

1. 상당한 차이 _____ difference
2. 부담을 줄여주다 _____ the burden
3. 주관적 해석 _____ interpretation

✅ 앞서 배운 단어의 뜻을 생각하며 읽어보고 빈칸에 알맞은 단어를 박스에서 찾아보세요.

① gain	② ease	③ participate	④ facilitates

[1]I believe that the college's plan to open a free yoga class is a great idea for several reasons. [2]First of all, students can relieve their stress. [3]Students nowadays are so busy and they are under great pressure. [4]They are not able to

4. _____ in any sports activities. [5]However, by having a free yoga class at the college, students can 5. _____ an opportunity to 6. _____ their stress and relax. [6]It would be one of the ways to cope with feelings of anxiety. [7]In addition, the yoga program 7. _____ student learning. [8]Students need to study long hours for their exams, which causes their bodies to become fatigued. [9]Many experts argue that yoga promotes better sleep and improves conditioning. [10]Moreover, studies have demonstrated that students participating in yoga have an improved memory and higher concentration levels because of their better sleep.

해석 1 저는 여러 가지 이유로 무료 요가 강좌를 개설하려는 대학의 계획이 아주 좋은 아이디어라고 생각합니다. 2 가장 첫째로, 학생들이 스트레스를 해소할 수 있습니다. 3 요즘 학생들은 너무 바쁘고 엄청난 압박감에 시달립니다. 4 그들은 어떠한 스포츠 활동에서도 **참여할** 수 없습니다. 5 하지만, 대학 내에 무료 요가 강좌 개설을 통해 학생들은 스트레스를 줄이고 긴장을 풀 기회를 **얻을** 수 있습니다. 6 이는 불안감에 대처하는 방법들 중의 하나일 것입니다. 7 게다가, 요가 프로그램은 학생들의 학업을 **용이하게 합니다**. 8 학생들은 시험 때문에 오랜 시간 공부해야 하는데, 이는 그들의 신체가 피로해지게 만드는 원인이 됩니다. 9 많은 전문가들은 요가가 더 나은 수면을 촉진하고 몸 상태를 향상시킨다고 주장합니다. 10 게다가, 연구에 따르면 요가에 참여하는 학생들은 더 나은 수면으로 기억력이 향상되고 더 높은 집중력을 유지하는 것으로 나타났습니다.

정답

1. ② 2. ③ 3. ①
4. ③ 5. ① 6. ② 7. ④

DAY 12

Campus Facilities 대학 시설
Living 생활 &

Conversation (2)

classify
valid
feasible
obvious
viable
device
quality
embellish
grandiose
maximize
paramount
crowded
paved
fancy
ongoing
enrich
commute
marketplace
violation
belongings

일반 학습 버전

집중 암기 버전

classify

ˈklæs·əˌfɑɪ

dormitory

single   shared

동 ~을 분류하다

Rooms in our dormitories are **classified** as either single or shared.

우리 기숙사의 방은 1인실 혹은 다인실로 분류된다.

노트테이킹은 이렇게!

키워드 키워드일 확률이 높아 반드시 full spelling으로 작성한다.

---

valid

ˈvæl·ɪd

형 유효한

Students must show their **valid** student ID when entering the library.

학생들은 도서관에 출입할 때 반드시 유효한 학생증을 제시해야 한다.

원어민은 이렇게!

no longer valid 더 이상 유효하지 않은
remain valid 여전히 유효하다

노트테이킹은 이렇게!

키워드 키워드일 확률이 높아 반드시 full spelling으로 작성한다.

---

feasible

ˈfi·zə·bəl

형 실현 가능한

Now that our budget has been increased, it might be **feasible** to buy two new school buses.

이제 우리의 예산이 증가했기 때문에, 학교 버스 두 대를 새로 구입하는 것이 실현 가능할 지도 모른다.

원어민은 이렇게!

become feasible 실현 가능해지다
barely feasible 실현 가능성이 거의 없는
a feasible plan 실현 가능한 계획

노트테이킹은 이렇게!

축약 위 단어는 'feasi-' 까지만 필기한다.

obvious

ˈɑb·vi·əs

명백한

It is **obvious** that the new electronic textbook system on campus has become very popular.
캠퍼스 내에서 새로운 전자책 시스템이 아주 많은 인기를 얻어 왔다는 점은 명백합니다.

원어민은 이렇게!
It is obvious that ~하다는 점은 명백하다

노트테이킹은 이렇게!
축약 위 단어는 'obvi-' 까지만 필기한다.

viable

ˈvɑɪ·ə·bəl

형 실행 가능한

The first Saturday of July is a **viable** day for the university's athletics competition.
7월의 첫 토요일은 대학 체육 대회를 개최하기에 가능한 날이다.

원어민은 이렇게!
viable service 실행 가능한 서비스

노트테이킹은 이렇게!
키워드 키워드일 확률이 높아 반드시 full spelling으로 작성한다.

device

dɪˈvɑɪs

명 장치, 기기

We ask that students turn the volume down on all **devices** while they are using the study hall.
우리는 학생들에게 자습실을 이용할 때 모든 기기의 소리를 줄이도록 요청한다.

원어민은 이렇게!
an electronic device 전자기기
a special device 특별한 장비

quality

ˈkwɑl·ɪ·ti

명 양질의

The dean's office is equipped with **quality** furnishings and electronic devices.
학장 사무실은 양질의 집기들과 전자기기들이 갖추어져 있다.

원어민은 이렇게!
a quality product 질좋은 제품

노트테이킹은 이렇게!
키워드 키워드일 확률이 높아 반드시 full spelling으로 작성한다.

Speaking & Writing

embellish

ɪmˈbelˈɪʃ

용 ~을 꾸미다

The assembly hall has been **embellished** with photos of our previous faculty members and students.

그 강당은 우리 학교의 과거 교수진과 학생들의 사진으로 꾸며졌습니다.

노트테이킹은 이렇게!
축약 위 단어는 'embel-' 까지만 필기한다.

grandiose

ˈgrænˈdiˈoʊs

형 웅장한, 거창한

The gym isn't exactly **grandiose**, but it has pretty much everything you'll need.

그 체육관은 아주 거창한 것은 아니지만, 네가 필요로 할 만한 거의 모든 것이 있어.

원어민은 이렇게!
grandiose buildings 웅장한 건물

노트테이킹은 이렇게!
축약 위 단어는 'grand-' 까지만 필기한다.

maximize

ˈmækˈsəˌmaɪz

용 ~을 극대화하다

The college radio station is trying to **maximize** its number of listeners by promoting its new talk show.

대학 라디오 방송국은 새 토크쇼를 홍보함으로써 청취자 수를 극대화하려 하고 있어.

원어민은 이렇게!
maximize efficiency 효율성을 극대화하다

노트테이킹은 이렇게!
축약 위 단어는 'maxi-' 까지만 필기한다.

paramount

ˈpærˈəˌmaʊnt

형 최고의

Making sure each student has a comfortable residence is of **paramount** importance.

학생들이 반드시 각자 쾌적한 생활 공간을 갖도록 하는 것이 가장 중요합니다.

원어민은 이렇게!
a paramount issue 중요한 사안

crowded

ˈkraʊ·dɪd

형 혼잡한

The café in the student center is too **crowded** between noon and 1 o'clock.

학생회관 내 카페는 정오부터 1시 사이에 너무 혼잡해.

원어민은 이렇게!

crowded places 혼잡한 장소

토플이 좋아하는 전공 기초 지식

학생회관(student center)은 학생들이 휴식을 취할 수 있는 공간에서부터 카페, 컴퓨터실 그리고 전시를 할 수 있는 공간까지 다양하게 내부가 구성되어 있으며 언제나 많은 학생들로 붐빈다.

노트테이킹은 이렇게!

축약 위 단어는 'crowd-' 까지만 필기한다.

paved

peɪv·d

형 포장된

The campus has a network of **paved** cycling paths that all students are welcome to use.

캠퍼스는 모든 학생들이 얼마든지 이용할 수 있는 포장된 자전거 전용 도로망을 갖추고 있습니다.

원어민은 이렇게!

paved roads 포장 도로

토플이 좋아하는 전공 기초 지식

대학교는 신입생 모집을 하기 위해 다양한 변화를 시도하는데 그 중 하나가 포장된 자전거 전용 도로 혹은 잘 가꿔진 달리기 트랙이다.

fancy

ˈfæn·si

형 화려한

Some of the off-campus student housing is quite **fancy**, and most people can't afford it.

캠퍼스 밖의 일부 학생 주거 시설은 꽤 고급이어서, 대부분의 사람들은 그곳에서 생활할 형편이 되지 않아.

기출빅데이터가 알려주는 출제포인트

스쿨버스 운행 폐지에 관해 학생들이 나누는 대화에서 빈출되는 반대 근거는 버스 노선에 대한 내용을 지적하며 학생의 주요 주거지가 아닌 부촌(fancy villages)을 다니기 때문에 탑승자의 수가 적다는 점을 강조하는 것이다.

DAY
12

Speaking & Writing

ongoing

ˈɔnˌɡoʊ·ɪŋ

형 진행 중인

Due to the **ongoing** renovations in the main auditorium, the seminar will be held in a different hall.

대강당에서 진행 중인 개조 공사 때문에, 세미나는 다른 홀에서 개최될 것입니다.

an ongoing project 진행 중인 프로젝트
ongoing difficulties 계속적인 어려움

enrich

ɪnˈrɪtʃ

동 ~을 풍요롭게 하다

Students can **enrich** their college lives by joining one of our many clubs or teams.

학생들은 우리 학교의 많은 동아리와 팀들 중 하나에 가입함으로써 대학 생활을 풍요롭게 할 수 있습니다.

enrich studies 연구를 풍요롭게 하다

키워드 키워드일 확률이 높아 반드시 full spelling으로 작성한다.

commute

kəˈmjut

commute 명 통근

동 통근 (통학) 하다

Those who need to **commute** to the college campus will receive a travel allowance.

대학 캠퍼스로 통근해야 하는 사람들은 통근 수당을 받을 것이다.

commute every day 매일 통근하다

통학에 많은 시간을 들여야 하는 학생들을 위해 대학교는 자체 스쿨 버스 또는 기숙사를 제공할 뿐만 아니라, 통학을 하는 학생들이 쉴 수 있는 공간을 만들어 두기도 한다.

키워드 키워드일 확률이 높아 반드시 full spelling으로 작성한다.

marketplace

'mar·kɪt,pleɪs

명 시장, 장터

Students living in Belmont Hall can shop at a **marketplace** just across the road.

벨몬트 기숙사에 살고 있는 학생들은 도로 바로 맞은편에 있는 시장에서 쇼핑할 수 있습니다.

토플이 좋아하는 전공 기초 지식

대학교는 지역 사회와의 상생을 위해 많은 노력을 하는데, 대표적인 것이 스포츠팀 운영을 통해 지역 주민들에게 즐거움을 주거나 대학 축제를 통한 지역 시장(local marketplace)의 상업 활성화를 유도하는 것이다.

violation

,vaɪ·ə'leɪ·ʃən

violate 통 위반하다

명 위반, 침해

Some students were removed from the dormitories due to frequent noise **violations**.

일부 학생들은 빈번한 소음 규정 위반으로 인해 기숙사에서 쫓겨났다.

원어민은 이렇게!
a violation of the policy 규정 위반
commit violations against ~을 위반하다

노트테이킹은 이렇게!
축약 위 단어는 'vio-' 까지만 필기한다.

belongings

bɪ'lɒŋ·ɪŋz

명 소지품

Anyone using the campus gym should store their **belongings** in a personal locker.

학교 체육관을 이용하는 누구나 개인 사물함에 소지품을 보관해야 합니다.

원어민은 이렇게!
personal belongings 개인 소지품

노트테이킹은 이렇게!
축약 위 단어는 'belong-' 까지만 필기한다.

DAY
12

Speaking & Writing

Brief Review

✅ 빈칸에 들어갈 알맞은 표현을 박스에서 찾아보세요.

① valid	② belongings	③ feasible

1. 실현 가능한 계획 a _____ plan
2. 더 이상 유효하지 않은 no longer _____
3. 개인 소지품 personal _____

✅ 앞서 배운 단어의 뜻을 생각하며 읽어보고 빈칸에 알맞은 단어를 박스에서 찾아보세요.

① enriches	② maximize	③ obvious	④ commuting

[1]Dormitories play a significant role in students' quality of life in college. [2]For one thing, living on-campus 4. _____ the students' college lives. [3]In my experience, I could study better when living on-campus. [4]To be honest, it was exhausting 5. _____ from my home to the campus every day. [5]I wasted several hours on the road. [6]After moving into a dorm, I was able to 6. _____ my studying time. [7]There was no need for me to wake up early to take the bus to school every morning. [8]I was able to go to the library or computer center whenever I wanted to study. [9]It took only a few minutes to arrive there. [10]Moreover, my roommates were with me all the time. [11]We could communicate and share ideas whenever we needed to. [12]For 7. _____ reasons, I think living in a dormitory has many benefits.

해석 1 기숙사는 학생들의 대학 내 삶의 질에 있어 중요한 역할을 합니다. 2 우선, 교내에서 거주하면 학생들의 대학 생활이 **풍요로워집니다**. 3 제 경험으로 볼 때, 교내에서 살 때 저는 공부를 더 잘 할 수 있었습니다. 4 솔직히, 매일 집에서 학교까지 **통학하는** 것은 고단한 일이었습니다. 5 저는 길에서 몇 시간을 허비했습니다. 6 기숙사에서 생활한 후로, 저는 제 학업 시간을 **극대화할** 수 있었습니다. 7 아침마다 학교로 가는 버스를 타기 위해 일찍 일어날 필요가 없었습니다. 8 저는 공부하고 싶을 때마다 도서관에 가거나 컴퓨터실에 갈 수 있었습니다. 9 그곳에 도착하는 데에는 겨우 몇 분 밖에 걸리지 않았습니다. 10 게다가, 제 룸메이트들은 항상 저와 함께 있었습니다. 11저희는 필요할 때마다 의사 소통하고 아이디어를 공유할 수 있었습니다. 12 이렇게 **분명한** 이유들로 기숙사 생활에는 많은 이점이 있다고 생각합니다.

정답

1.③ 2.① 3.②
4.① 5.④ 6.② 7.③

DAY 13

University Classes
대학 수업

Conversation (3)

overwhelm
atmosphere
expertise
gist
examine
eclectic
demanding
promising
preliminary
integrate
involve
compact
familiar
cynical
acrid
dissertation
colleague
field
rate
distribute

일반 학습 버전

집중 암기 버전

overwhelm

,oʊ·vərˈwelm

overwhelming 웹 압도적인

동 ~을 제압하다, 압도하다, 사로잡다

I think that most students are **overwhelmed** by their heavy course loads.
대부분의 학생들이 많은 양의 과제로 인해 압도되고 있다고 생각합니다.

원어민은 이렇게!
be completely overwhelmed by ~에 의해 완전히 압도당하다

atmosphere

ˈæt·məˌsfɪər

명 대기, 분위기

The sociology class has a relaxed **atmosphere**, so students feel comfortable sharing their views.
그 사회학 수업은 느긋한 분위기여서, 학생들이 각자의 의견을 공유하는 것을 편하게 느낍니다.

원어민은 이렇게!
relaxed atmosphere 편한 분위기
tense atmosphere 긴장된 분위기

토플이 좋아하는 전공 기초 지식

수업 시간에 간식을 먹는 것을 허용해야 하는가에 대한 논쟁이 많은데, 음식물을 먹는 소리나 행동은 강의실 분위기(classroom atmosphere)를 흐리고 집중력을 떨어뜨린다는 의견이 많다.

노트테이킹은 이렇게!
축약 위 단어는 'atmos~' 까지만 필기한다.

expertise

ˌek·spərˈtiz

명 전문 기술, 전문 지식

This group project would help students use their time management **expertise** in order to complete the task together on time.
이 그룹 프로젝트는 제때 업무를 끝마치기 위해 학생들이 그들의 시간 관리 기술을 활용하는 것을 도울 것이다.

원어민은 이렇게!
have no expertise in ~에 대한 기술을 가지지 않다
have considerable expertise in ~의 상당한 기술을 가지다

노트테이킹은 이렇게!
축약 위 단어는 'expert~' 까지만 필기한다.

gist

dʒɪst

요점, 골자

This introductory lecture will give you the **gist** of agricultural biotechnology.

이 입문 강의는 농업 생명 공학의 요점을 여러분에게 제공할 것입니다.

원어민은 이렇게!
convey the gist of ~의 핵심을 전하다
get the gist of ~의 핵심을 이해하다

토플이 좋아하는 전공 기초 지식

대학교 수업 시간의 후반부에 학생들 간의 토론시간을 갖게 될 경우, 본인이 수업시간에 잡아내지 못한 강의의 요점(gist)을 대화를 통해 이해하고 서로의 의견을 교환할 수 있다는 장점이 있다.

노트테이킹은 이렇게!
키워드 키워드일 확률이 높아 반드시 full spelling으로 작성한다.

examine

ɪgˈzæm·ən

examination 명 조사

동 ~을 살펴보다, 조사하다

During this conference, students and the professor will **examine** the viability of new learning methods.

이 학회에서 학생과 교수진은 새로운 학습법의 실행 가능성을 살펴볼 것입니다.

원어민은 이렇게!
examine ways of ~의 방법을 조사하다

노트테이킹은 이렇게!
축약 위 단어는 'exam-' 까지만 필기한다.

eclectic

ekˈlek·tɪk

형 다양한

Students applying for this program will engage in an **eclectic** range of coursework, from essays and projects to fieldwork and research.

이 프로그램에 신청하는 학생들은 에세이와 프로젝트에서부터 현장 학습과 연구에 이르기까지 다양한 범위의 수업 활동에 참여할 것입니다.

원어민은 이렇게!
take an eclectic approach 다양한 접근을 시도하다

노트테이킹은 이렇게!
키워드 키워드일 확률이 높아 반드시 full spelling으로 작성한다.

demanding

dɪˈmæn·dɪŋ

The end-of-term project is quite **demanding**, so students should begin preparing for it in advance.
그 기말 프로젝트는 상당히 많은 것을 요구하므로, 학생들은 미리 준비를 시작해야 한다.

원어민은 이렇게!
a demanding task 힘든 일
intellectually demanding 지적 수준이 요구되는

노트테이킹은 이렇게!
축약 위 단어는 'demand-' 까지만 필기한다.

promising

ˈprɑm·ə·sɪŋ

(형) 촉망되는

Almost every student who graduates from this course will have a **promising** career ahead of them.
이 과정을 졸업하는 거의 모든 학생들은 앞으로 촉망되는 직업을 갖게 될 것이다.

원어민은 이렇게!
a particularly promising student 특별히 촉망되는 학생

노트테이킹은 이렇게!
축약 위 단어는 'promis-' 까지만 필기한다.

preliminary

prɪˈlɪm·əˌner·i

(형) 예비의, 시초의

The professor advises that students do **preliminary** research before writing their project proposals.
그 교수는 학생들에게 프로젝트 제안서를 작성하기 전에 예비 조사를 하도록 조언합니다.

토플이 좋아하는 전공 기초 지식

전공 수업을 듣기 전에 교수가 수업과 관련된 주제를 미리 언급하면, 학생들은 그 주제에 맞는 예비 조사(preliminary research)를 함으로써 본인이 이해한 것을 수업 중에 제시되는 강의 내용과 비교하면서 폭넓은 학습을 할 수 있다.

노트테이킹은 이렇게!
축약 위 단어는 'prelim-' 까지만 필기한다.

integrate

'ɪn·tə.greɪt

图 ~을 통합시키다

With the new policy, students will be able to **integrate** certain courses to satisfy credit requirements from different subjects simultaneously.

새로운 정책으로, 학생들은 다른 과목의 학점 요건을 동시에 충족하는 특정 교과들을 통합시킬 수 있다.

토플이 좋아하는 전공 기초 지식

최근 많은 대학 교수들이 학생들에게 본인의 전공에만 집중할 것이 아니라 연구하고자 하는 분야와 관련된 영역을 통합하여 폭넓은 학습을 하고 이를 토대로 연구를 진행하라는 점을 강조한다.

involve

ɪn'vɑlv

图 개입시키다, 관계시키다

Professor Jenkins always makes a point of **involving** all students in his class discussions.

젠킨스 교수는 항상 자신의 토론 수업에 모든 학생을 참여시킨다.

원어민은 이렇게!
be involved in ~에 관련되다

노트테이킹은 이렇게!
[축약] 위 단어는 'invol-' 까지만 필기한다.

compact

kəm'pækt

형 빽빽한, 밀집된

The college announced that it has replaced the tables in the west library for **compact** study cubicles in order to make more efficient use of available space.

대학은 이용 가능한 공간을 더욱 효율적으로 사용하기 위해 서쪽 도서관의 테이블을 빽빽한 열람석으로 교체했다고 발표했다.

노트테이킹은 이렇게!
[키워드] 키워드일 확률이 높아 반드시 full spelling으로 작성한다.

Speaking & Writing

familiar

fə'mɪl·jər

반 unfamiliar 낯선

형 친숙한

Students love the new textbook because it begins with some of the most **familiar** concepts of cell biology.

학생들은 그 새로운 교재를 굉장히 좋아하는데 그 이유는 세포 생물학과 관련된 가장 익숙한 몇몇 개념들로 시작되기 때문입니다.

노트테이킹은 이렇게!

[키워드] 키워드일 확률이 높아 반드시 full spelling으로 작성한다.

cynical

'sɪn·ɪ·kəl

형 냉소적인

Many students mentioned that Professor Lionel has a somewhat **cynical** manner during his lectures.

많은 학생들이 리오넬 교수가 수업 중에 다소 냉소적인 태도가 있다고 언급했다.

원어민은 이렇게!

a cynical view 냉소적인 시선
extremely cynical about ~에 대해 굉장히 냉소적인

노트테이킹은 이렇게!

[축약] 위 단어는 'cynic-' 까지만 필기한다.

acrid

'æk·rɪd

형 신랄한

Some students found the lecturer's **acrid** tone to be unpleasant.

일부 학생들은 그 강사의 신랄한 어조를 불쾌하다고 느꼈다.

토플이 좋아하는 전공 기초 지식

교수의 신랄한 비판은 학생들에게 좋은 피드백이 되기도 하지만, 일부 학생들은 그런 교수의 지적이 무서워 자신의 의견을 솔직하게 말하지 못해 면담 신청을 하지 않는 경우도 꽤 많다.

노트테이킹은 이렇게!

[키워드] 키워드일 확률이 높아 반드시 full spelling으로 작성한다.

dissertation

ˌdɪs·ər'teɪ·ʃən

형 논문, 연구

It is important to follow the university's strict style guidelines in order to write a satisfactory **dissertation**.

만족스러운 논문을 쓰기 위해서는 대학의 엄격한 작성 방식 지침을 따르는 것이 중요하다.

원어민은 이렇게!

a dissertation on ~에 대한 논문

124 TOEFL Vocabulary

☆☆☆ colleague

'kɑl·ig

명 동료

The physics professor will publish a research paper he wrote with two of his **colleagues**.

그 물리학 교수는 동료 두 명과 함께 집필한 연구 논문을 출간할 것이다.

원어민은 이렇게!

get along well with colleagues 동료들과 잘 지내다

노트테이킹은 이렇게!

축약 위 단어는 'colleg-' 까지만 필기한다.

☆☆ field

fild

명 분야, 현장

Some students prefer to change their majors and focus on a more scientific **field**.

일부 학생들은 그들의 전공을 변경하여 과학 분야에 더 주력하는 것을 선호한다.

원어민은 이렇게!

in the field of ~의 분야에서
research field 연구 분야

☆☆☆ rate

reɪt

명 속도, 비율

The graduation **rate** for IT students has increased year after year.

IT 전공 학생들의 졸업률은 해마다 증가했다.

노트테이킹은 이렇게!

키워드 키워드일 확률이 높아 반드시 full spelling으로 작성한다.

☆☆ distribute

dɪ'strɪb·jut

distribution 명 분배

동 ~을 분배하다

Materials for exams are **distributed** during the review session, so you should attend it.

시험에 필요한 자료가 복습 시간에 배부될 것이므로 꼭 참석해야 합니다.

노트테이킹은 이렇게!

축약 위 단어는 'distri-' 까지만 필기한다.

DAY
13

Speaking & Writing

Brief Review

✅ 빈칸에 들어갈 알맞은 표현을 박스에서 찾아보세요.

① gist	② demanding	③ overwhelmed

1. 어려운 업무 a _____ task
2. ~의 핵심을 이해하다 get the _____ of
3. ~에 의해 완전히 압도당하다 be completely _____ by

✅ 앞서 배운 단어의 뜻을 생각하며 읽어보고 빈칸에 알맞은 단어를 박스에서 찾아보세요.

① cynical	② overwhelmed	③ demanding	④ colleagues

[1]In my first year in college, I was 4. _____ by the number of assignments and papers. [2]I had a hard time getting the gist of the classes. [3]Professors were 5. _____ when I asked for feedback. [4]Some projects were very 6. _____ and stressful. [5]One day, I had an advisory meeting with my academic advisor. [6]I told him that I was facing difficulties adjusting to classes. [7]He recommended that I work with my 7. _____, just like if we were on a team together. [8]I began to talk with colleagues in my class and work with them. [9]After that, I could share my burdens with them. [10]We shared plans, resources, and even divided tasks to complete the assignments given to us. [11]We could exchange ideas and solve problems much faster. [12]I even learned valuable skills from my friends, which reduced the time I spent writing and editing.

해석 1 대학교 1학년 시절, 저는 과제와 리포트에 **압도되었습니다**. 2 수업들의 요점을 파악하는 데도 어려움을 겪었습니다. 3 교수님들은 의견을 요청드릴 때마다 **냉소적**이었습니다. 4 몇몇 프로젝트들은 **요구 사항이 굉장히 많고** 스트레스를 주었습니다. 5 하루는, 지도 교수님과 조언을 받는 만남을 가진 적이 있었습니다. 6 그 교수님께 강의에 적응하는 데 어려움에 직면하고 있다고 말했습니다. 7 그 교수님께서는 팀에 속해 있는 것처럼 **친구들**과 함께 해보도록 권해 주셨습니다. 8 저는 강의를 함께 듣는 친구들과 이야기도 하고 함께 노력하기 시작했습니다. 9 그 후, 저는 그 친구들과 함께 부담을 덜 수 있었습니다. 10 우리는 계획과 자료를 공유했고, 심지어 주어진 과제를 완수하기 위해 업무를 분담하기도 했습니다. 11 아이디어를 공유하면서 훨씬 더 빠르게 문제를 해결할 수 있었습니다. 12 저는 심지어 친구들로부터 소중한 능력을 배우기도 했는데, 이는 제가 글을 쓰고 수정하는 데 들이던 시간을 줄여주었습니다.

정답

1. ② 2. ① 3. ③
4. ② 5. ① 6. ③ 7. ④

DAY 14

Psychology 심리
Education 교육 &

extrinsic
internal
aware
irrational
complacent
direct
intellectual
long-lasting
relate
associate
encode
practical
empathize
chore
moral
issue
reminder
sociable
stare
implicit

일반 학습 버전

집중 암기 버전

extrinsic

ek'strin·zik

형 외부의

Those who require **extrinsic** motivation expect to receive a reward for completing tasks.

외적 동기를 필요로 하는 사람들은 일을 완수하는 것에 대해 보상 받기를 기대한다.

토플이 좋아하는 전공 기초 지식

외적 동기(외재적 동기)는 외적 보상(extrinsic reward)에 의해 영향을 받는 동기를 말하며, 주어진 과제와는 관련 없는 것에 의한 동기이다. 외적 보상(extrinsic reward)은 칭찬, 용돈, 특권과 같이 타인과 외부로부터 주어지는 보상을 의미한다.

노트테이킹은 이렇게!

축약 위 단어는 'extrin-' 까지만 필기한다.

internal

ın'tɜr·nəl

형 내부의

Some children complete a task based only on **internal** motivation, while others seek some sort of extrinsic reward.

일부 아이들은 오직 내적 동기만을 바탕으로 일을 완료하는 반면에, 다른 아이들은 일종의 외적 보상을 추구한다.

토플이 좋아하는 전공 기초 지식

내적 동기는 성취의 결과가 가져올 보상을 바라는 것이 아니라, 학습자가 학습 행동 자체에 동기와 의미를 부여하는 것으로, 성취를 위한 과정 자체가 보상으로 작용한다. 일반적으로 내적 동기가 외적 동기보다 지속성이 높고 효과적이다.

노트테이킹은 이렇게!

키워드 키워드일 확률이 높아 반드시 full spelling으로 작성한다.

aware

ə'weər

형 인지하는

Students are usually **aware** of the expectations of their teachers and parents.

학생들은 보통 선생님과 부모님의 기대감을 인지하고 있다.

원어민은 이렇게!

keenly aware of ~을 뚜렷하게 의식하고 있는
hardly aware of ~을 거의 의식하고 있지 않은
be aware of ~을 인지하다

노트테이킹은 이렇게!

키워드 키워드일 확률이 높아 반드시 full spelling으로 작성한다.

irrational

ɪˈræf·ə·nəl

[반] rational 합리적인

형 비합리적인

Children who do not have enough sleep or rest time might make **irrational** decisions.

충분한 수면이나 휴식을 취하지 못한 아이들은 비합리적인 결정을 내릴 수도 있다.

원어민은 이렇게!
irrational escalation of commitment 몰입 상승

토플이 좋아하는 전공 기초 지식

> 몰입 상승(irrational escalation of commitment/escalating commitment)은 어떤 판단이나 의사 결정이 잘못된 것임을 알게 된 후에도 이에 얽매여서 본인이 손해 볼 것을 알면서도 놓치 못하는 것을 말한다. 심리학과 사회학에서 빈번하게 사용된다.

노트테이킹은 이렇게!
부정 ir은 부정어이므로 X를 활용해 다음과 같이 필기한다.
- ration X

complacent

kəmˈpleɪ·sənt

형 현실에 안주하는, 자기 만족적인

Students have a tendency to become **complacent** and unmotivated if deadline extensions are offered too regularly.

학생들은 마감일 연기가 너무 정기적으로 주어지면 현실에 안주하거나 동기가 부여 되지 않는 경향을 가지고 있다.

direct

daɪˈrekt
dəˈrekt

형 직접의

When discussing a student's strengths and weaknesses, it's better to be **direct** and honest with them.

한 학생의 장점과 단점을 이야기할 때, 당사자에게 직접적이고 솔직한 것이 더 낫다.

원어민은 이렇게!
direct manner 솔직한 방식

노트테이킹은 이렇게!
키워드 키워드일 확률이 높아 반드시 full spelling으로 작성한다.

DAY
14

Speaking & Writing

intellectual

,ɪnt·əˈlek·tʃu·əl

intellectually (부) 지적으로

(형) 지적인

Reading books is still the most effective form of **intellectual** stimulation.

독서는 여전히 지적인 자극의 가장 효과적인 방법이다.

원어민은 이렇게!

intellectual stimulation 지적 자극
intellectual challenge 지적 도전

토플이 좋아하는 전공 기초 지식

과거에는 문학 작품에서나 얻을 수 있었던 지적인 자극을 현대 사회에서는 영화, 음악, 여행 등 다양한 수단을 통해 얻는다.

노트테이킹은 이렇게!

축약 위 단어는 'intel–' 까지만 필기한다.

long-lasting

,lɑŋˈlæs·tɪŋ

(형) 오래 지속되는

The experience of having an effective teacher can have a **long-lasting** effect on individuals.

효과적인 선생님을 두는 경험은 개개인에게 오래 지속되는 효과를 갖는다.

원어민은 이렇게!

long-lasting memories 장기 기억력

relate

rɪˈleɪt

(동) 관련시키다

Babies' facial expressions directly **relate** to the emotions they feel.

아기들의 얼굴 표정은 그들이 느끼는 감정과 직접적으로 관련되어 있다.

원어민은 이렇게!

attempt to relate 관련시키려 노력하다
the ability to relate to ~과 연결시킬 수 있는 능력

associate

əˈsoʊ·ʃi·eɪt

동 ~을 연상하다, 연관짓다

There are a large number of factors which are **associated** with cognitive development in children.
아이들의 인지 발달과 연관된 수많은 요소들이 있다.

---

encode

ɪnˈkoʊd

동 ~을 암호화하다

Children can **encode** memories from the age of around 2.
아이들은 대략 두 살 때부터 기억을 암호화할 수 있다.

> **토플이 좋아하는 전공 기초 지식**
>
> 대부분의 사람들이 어린 시절을 기억하지 못하는 이유는, 성인과 달리 유아는 대뇌엽이 발달하고 있는 단계이기 때문에 본인에게 일어난 일을 지속 가능한 형태로 암호화할 수 없기 때문이라는 가설이 있다.

---

practical

ˈpræk·tɪ·kəl

형 현실적인, 실질적인

Many behaviors learned through studying have other **practical** applications in life.
학업을 통해 배운 많은 행동 양식들은 실생활에서 다른 현실적인 적용을 갖게 된다.

> **원어민은 이렇게!**
>
> practical advice 현실적인 조언
> practical problems 현실적인 문제

> **노트테이킹은 이렇게!**
>
> 키워드 키워드일 확률이 높아 반드시 full spelling으로 작성한다.

---

empathize

ˈem·pə·θaɪz

empathy 명 공감

동 공감하다

Children who naturally **empathize** with others are more likely to form long-lasting friendships.
천성적으로 다른 사람들에게 공감하는 아이들은 오래 지속되는 교우 관계를 형성할 가능성이 더 크다.

DAY
14

Speaking & Writing

chore

tʃɔr

명 잡일, 허드렛일

Children who do household **chores** from a young age tend to manage academic workloads more easily later in life.

어릴 때부터 집안일을 하는 아이들은 나중에 커서 더 수월하게 학업량을 관리하는 경향이 있다.

원어민은 이렇게!
domestic chores 집안일, 집안 심부름
carry out chores 잡무를 보다

노트테이킹은 이렇게!
키워드 키워드일 확률이 높아 반드시 full spelling으로 작성한다.

moral

ˈmɔr·əl

형 도덕적인, 도덕과 관련된

Children should be taught by their parents to make **moral** decisions.

아이들은 도덕적인 결정을 내리는 것을 부모로부터 배워야 한다.

노트테이킹은 이렇게!
키워드 키워드일 확률이 높아 반드시 full spelling으로 작성한다.

issue

ˈɪʃ·u

명 문제, 쟁점

Leading psychologists often have opposing views on key **issues** related to the education of children.

주요 심리학자들은 종종 어린이 교육과 관련된 핵심 쟁점에 대해 서로 대립되는 의견을 갖는다.

원어민은 이렇게!
address the issue 사안을 다루다
a side issue 부가적인 사안
discuss the issue 사안에 대해 토의하다

reminder

rɪˈmaɪn·dər

명 신호, 암기

The falling graduation rate is a **reminder** that our education system requires more funding and support.

감소하는 졸업률은 우리 교육 시스템이 더 많은 자금과 지원을 필요로 한다는 신호이다.

sociable

ˈsoʊ·ʃə·bəl

혤 사교성이 있는

Students who are naturally **sociable** are more likely to participate in extracurricular activities.

천성적으로 사교적인 학생들은 과외 활동에 참여할 가능성이 더 크다.

노트테이킹은 이렇게!

축약 위 단어는 'social-' 까지만 필기한다.

stare

steər

통 ~을 응시하다

Infants **stare** at people and objects when they are learning new information.

유아들은 새로운 정보를 습득할 때 사람과 사물을 응시한다.

원어민은 이렇게!

stare fixedly at ~을 가만히 응시하다

implicit

ɪmˈplɪs·ɪt

혤 은연 중 내포한, 암묵적인

Many infants are able to detect the **implicit** meaning of a parent's facial expressions.

많은 유아들은 부모 표정의 내포된 의미를 알아차릴 수 있다.

토플이 좋아하는 전공 기초 지식

암묵 기억(implicit memory)은 장기기억의 일종을 의미하는 심리학적 용어이다. 이는 의식하거나 지각하지는 못했지만 향후 행동에 영향을 주는 기억을 말한다. 이와 반대되는 개념으로 외현 기억(explicit memory)은 의식적으로 회상하거나 인지가 가능한 기억을 의미한다.

노트테이킹은 이렇게!

키워드 키워드일 확률이 높아 반드시 full spelling으로 작성한다.

DAY
14

Speaking & Writing

Brief Review

✅ 빈칸에 들어갈 알맞은 표현을 박스에서 찾아보세요.

① practical	② chores	③ aware

1. 잡무를 보다 carry out _____
2. 현실적인 조언 _____ advice
3. ~을 뚜렷하게 의식하고 있는 keenly _____ of

✅ 앞서 배운 단어의 뜻을 생각하며 읽어보고 빈칸에 알맞은 단어를 박스에서 찾아보세요.

① extrinsic	② chores	③ internal	④ related

[1]In the lecture, the professor talks about two kinds of motivation and gives two examples to explain them. [2]The first type is 4. _____ motivation. [3]Some people tend to only do something in return for some kind of external reward such as money or praise. [4]Children, for example, might help with house 5. _____ to earn some money. [5]But if they stop receiving it, they are not likely to continue cleaning the house. [6]The second type is intrinsic motivation. [7]People are motivated to perform a behavior because they really enjoy it or find it satisfying in some way. [8]It is 6. _____ to an emotional connection. [9]For instance, some students might go out and play basketball after school because the game makes them happy and energetic. [10]So, in most cases, 7. _____ motivation is more rewarding to most individuals than extrinsic motivation.

해석 1 교수님은 강의에서 두 종류의 동기 부여에 관해 말씀하시고, 그것들을 설명하기 위해 두 가지 예시를 듭니다. 2 첫 번째 유형은 외적 동기 부여입니다. 3 사람들은 돈이나 칭찬같은 일종의 외적 보상의 대가로 무언가를 하려는 경향을 보입니다. 4 예를 들어, 아이들은 용돈을 받으려고 집안일을 도우려 할 수도 있습니다. 5 하지만 그것을 받는 것이 중단되면, 계속 집을 청소하지 않을 가능성이 있습니다. 6 두 번째 유형은 내적 동기 부여입니다. 7 정말로 특정 행동을 즐기거나 어떤 면에서든 만족스럽다고 생각하기 때문에 사람들은 그 행동을 수행하도록 동기가 부여됩니다. 8 이는 정서적 연관성과 관련되어 있습니다. 9 예를 들어, 학생들은 농구가 그들을 행복하고 활동적으로 만들어주기 때문에 방과 후에 밖에 나가서 경기를 합니다. 10 따라서, 대부분의 경우에 내적 동기 부여는 외적 동기 부여에 비해 많은 사람들에게 있어 더 큰 보람을 제공합니다.

정답

1. ② 2. ① 3. ③
4. ① 5. ② 6. ④ 7. ③

DAY 15

Botany 식물

diversity
float
pioneer
sprout
emit
diffuse
attract
symptom
infestation
permeate
spread
stiffen
salinity
evolution
thrive
breathe
deficient
porous
relevant
pollinate

일반 학습 버전

집중 암기 버전

diversity

dɪ́vɜr·sɪ·tɪ / daɪˈvɜːrsəti

diverse ⑱ 다양한
diversification ⑲ 다양화
biodiversity ⑲ 생물다양성

⑲ 다양성

The rainforests of South America have a very high **diversity** of animal and plant species.
남미 우림 지역은 아주 다양한 동식물 종을 보유하고 있다.

원어민은 이렇게!
ethnic and cultural diversity 민족과 문화적 다양성
There is a wide diversity of ~의 다양성이 있다
genetic diversity 유전적 다양성

노트테이킹은 이렇게!
키워드 키워드일 확률이 높아 반드시 full spelling으로 작성한다.

---

float

floʊt

⑤ 떠다니다

Seeds released by some plants **float** along rivers and streams.
일부 식물에 의해 방출된 씨앗은 강이나 냇물을 따라 떠다닌다.

원어민은 이렇게!
float on the river 강을 떠다니다

토플이 좋아하는 전공 기초 지식
씨앗이 이동하는 방법 중 하나는 물살을 타고 떠다니다가 적합한 환경에 닿게 되어 그 땅에서 발아하는 것이다.

노트테이킹은 이렇게!
키워드 키워드일 확률이 높아 반드시 full spelling으로 작성한다.

---

pioneer

ˌpɑɪ·əˈnɪər

⑲ 개척자, 선구자

Pioneer species of plants are the first ones to grow in a region.
선구 식물은 한 지역에서 자라는 첫 번째 종이다.

토플이 좋아하는 전공 기초 지식
선구 식물(pioneer species)은 아무 것도 존재하지 않는 곳에 가장 먼저 정착하여 천이(succession)를 시작하여 토착하는 종이다.

---

sprout

spraʊt

⑤ 싹트다, 발아하다

Long stems called tubers **sprout** from potatoes while they are growing in the soil.
감자가 흙 속에서 자라는 동안 덩이줄기라고 불리는 긴 줄기들이 감자로부터 싹튼다.

emit

i'mɪt

★
★
★

🔁 (가스, 빛, 소리 등) ~을 내다

Studies have shown that plants can **emit** sounds that humans cannot hear.

연구에 따르면 식물은 인간이 듣지 못하는 소리를 낼 수 있는 것으로 나타났다.

emit light 빛을 발산하다
emit chemicals 화학물질을 내뿜다

일부 식물은 벌레로부터 자신을 보호하기 위해 화학 물질 발산으로 벌레가 포만감을 느끼게 해 풀잎을 더 이상 뜯어먹지 못하게 한다.

키워드 키워드일 확률이 높아 반드시 full spelling으로 작성한다.

diffuse

dɪ'fjuz

diffusion 🔲 확산, 산란

★
★
★

🔁 ~을 퍼뜨리다, 분산되다

Spores **diffuse** through the air easily because they are very light.

포자는 매우 가볍기 때문에 공기를 통해 쉽게 분산된다.

attract

ə'trækt

★
★
★

🔁 ~을 매혹시키다

Bees are **attracted** to the bright colors of petals.

벌은 꽃잎의 밝은 색에 이끌린다.

bright colors to attract butterflies 나비를 끌어들이는 밝은 색

키워드 키워드일 확률이 높아 반드시 full spelling으로 작성한다.

symptom

'sɪmp·təm

® 명 증상

Plants that are infected by disease show several clear **symptoms**.

질병에 감염된 식물은 몇 가지 뚜렷한 증상을 보인다.

원어민은 이렇게!
develop symptoms 증상을 보이다
aggravate the symptoms of ~의 증상을 악화시키다

토플이 좋아하는 전공 기초 지식
특정 식물의 잎에는 독성 물질이 들어 있어 동물들이 잎을 먹으면 얼굴이 붓거나 괴로워하는 등 다양한 증상을 보일 수 있다.

노트테이킹은 이렇게!
축약 위 단어는 'symp-' 까지만 필기한다.

infestation

ˌɪn·fesˈteɪ·ʃən

infest ⑤ 들끓다, 우글거리다

명 침입, 만연

An **infestation** of bacteria usually causes trees to rot.

박테리아의 침입은 보통 나무를 썩게 만드는 결과를 초래한다.

노트테이킹은 이렇게!
축약 위 단어는 'infest-' 까지만 필기한다.

permeate

'pɜr·miˌeɪt

동 스며들다

Pesticides that **permeate** the soil can have harmful effects on vegetation.

토양에 스며드는 살충제는 식물에 유해한 영향을 끼칠 수 있다.

spread

spred

동 퍼지다

Many species of mammals **spread** across the land in search of food.

많은 포유류 종이 먹이를 찾기 위해 육지 전역에 퍼져있다.

노트테이킹은 이렇게!
키워드 키워드일 확률이 높아 반드시 full spelling으로 작성한다.

stiffen

ˈstɪf·ən

图 뻣뻣해지다

The stems of some plants **stiffen** when there is a
strong wind.
일부 식물의 줄기는 강한 바람이 불면 뻣뻣해진다.

토플이 좋아하는 전공 기초 지식

식물이 흡수해야 하는 특정 영양분이나 수분이 부족하면 다양한 현상이 일어
나는데, 그 중 하나가 잎사귀가 뻣뻣하게 굳어버리는 것이다.

salinity

səˈlɪn·ɪ·ti

图 염분

As the **salinity** of drinking water sources increased,
many animals began to die.
식수원의 염분이 증가하면서, 많은 동물들이 죽기 시작했다.

원어민은 이렇게!
salinity levels 염분 수치

evolution

i·vəˈlu·ʃən

evolve 图 진화하다
evolutionary 图 진화의

图 진화

The **evolution** of birds can be clearly seen by studying
bird fossils.
새의 진화 과정은 새 화석을 연구함으로써 명확히 찾아볼 수 있다.

원어민은 이렇게!
Darwin's theory of evolution 다윈의 진화론
trace the evolution of ~의 진화를 추적하다

노트테이킹은 이렇게!
키워드 키워드일 확률이 높아 반드시 full spelling으로 작성한다.

thrive

θraɪv

图 번성하다

Polar bears can **thrive** in their habitat because they are
the apex predators at the top of their food chain.
북극곰은 먹이 사슬의 최상위 포식자이기 때문에 그들의 서식지에서 번성할 수 있
다.

원어민은 이렇게!
continue to thrive in ~에서 계속 번성하다

노트테이킹은 이렇게!
키워드 키워드일 확률이 높아 반드시 full spelling으로 작성한다.

DAY
15

Speaking & Writing

★★★ breathe

bri:θ

breath ⑲ 호흡

⑧ 호흡하다

A large proportion of the oxygen we **breathe** is produced by plants.

우리가 호흡하는 산소의 많은 부분은 식물에 의해 생산된다.

breathe deeply 깊이 호흡하다
breathe shallowly 얕게 호흡하다

뒤에 e를 붙이지 않으면 명사형이 되므로 철자에 유의해야 한다.

키워드 키워드일 확률이 높아 반드시 full spelling으로 작성한다.

★★ deficient

dɪˈfɪʃ·ənt

⑧ 부족한

Plants that are **deficient** in nutrients will have growth problems.

영양분이 부족한 식물은 성장 문제를 겪을 것이다.

be deficient in ~가 부족하다

토양 속에 특정 영양분이 부족할 경우 다양한 증상이 식물에게 발생할 수 있는데, 대표적으로 잎이 노란색으로 변하는 것이다.

축약 위 단어는 'defi-' 까지만 필기한다.

★★ porous

ˈpɔr·əs

porosity ⑲ 다공성

⑧ 다공성의, 투과성의

The cells are **porous**, and this allows water and nutrients to move from one cell to another.

그 세포는 다공성이며, 이는 물과 영양분이 한 세포에서 다른 세포로 이동하게 해준다.

porous soil 다공성 토양
porous rocks 다공성 암석

키워드 키워드일 확률이 높아 반드시 full spelling으로 작성한다.

relevant

'rel·ə·vənt

웹 연관된

In order to prevent dehydration, water is transported to the **relevant** part of the plant such as its root and stem.

탈수를 막기 위해 물은 뿌리나 줄기와 같은 그 식물의 연관된 부분으로 이동된다.

원어민은 이렇게!

partially relevant 부분적으로 연관된
directly relevant 직접적으로 연관된
be relevant to ~에 관련이 있다

pollinate

'pɑl·ə,neɪt

용 수분하다

Bees play a key role in **pollinating** a wide range of flowers.

벌은 아주 다양한 꽃들을 수분하는 데 핵심적인 역할을 한다.

토플이 좋아하는 전공 기초 지식

대부분의 식물은 곤충을 이용해 수분하지만 일부 식물은 벌새와 같은 새에 의해 꽃가루가 이동되는 경우도 있다.

노트테이킹은 이렇게!

축약 위 단어는 'polli-' 까지만 필기한다.

✓ 빈칸에 들어갈 알맞은 표현을 박스에서 찾아보세요.

① symptoms	② emit	③ evolution
④ porous	⑤ diversity	

1. 다윈의 진화론 Darwin's theory of _____

2. 화학물질을 내뿜다 _____ chemicals

3. 증상을 보이다 develop _____

4. 다공성 암석 _____ rocks

5. 유전적 다양성 genetic _____

✓ 앞서 배운 단어의 뜻을 생각하며 읽어보고 빈칸에 알맞은 단어를 박스에서 찾아보세요.

① sprout	② thrive	③ deficient	④ symptoms

[1]The professor is giving a lecture about why soil matters to plants. [2]Basically, soil provides an ecosystem to organisms and contributes to biodiversity, and it is essential for plant growth as well. [3]The professor points out that soil is the main source of nutrients that are necessary for plant growth. [4]If the soil is

6. _____ in certain minerals and nutrients, plants cannot 7. _____

or their seeds cannot 8. _____. [5]She explains that plants show different

9. _____ according to their problems. [6]For instance, the colors of the leaves may change to white or yellow if the soil lacks nitrogen. [7]Stems may be shorter and more slender due to the lack of certain minerals as well. [8]However, the professor mentions that an overabundance of minerals in the soil can also be toxic to plants.

해석 1 교수님은 왜 토양이 식물에게 중요한지에 대해 강의를 하고 있습니다. 2 기본적으로 토양은 미생물에게 생태계를 제공하고 생물 다양성에 기여하며, 식물 성장에도 필수적입니다. 3 교수님은 식물 성장에 있어 필수적인 주요 영양의 공급원이 토양이라는 점에 주목합니다. 4 만일 토양에 특정 무기질과 영양소가 **결핍될** 경우, 식물은 **번성할** 수 없거나 심지어 그들의 씨앗은 **발아할** 수도 없습니다. 5 교수님은 식물이 각자의 문제점에 따라 서로 다른 **증상**을 보인다고 설명합니다. 6 예를 들어, 토양에 질소가 부족하면 잎의 색이 흰색이나 황색으로 변할 수도 있습니다. 7 특정 무기질의 부족으로 인해 줄기가 더 짧아지고 가늘어질 수도 있습니다. 8 하지만, 교수님은 토양에 들어 있는 무기질의 과잉 또한 식물에게 독이 될 수 있다고 언급합니다.

정답

1. ③ 2. ② 3. ① 4. ④ 5. ⑤
6. ③ 7. ② 8. ① 9. ④

DAY 16

Zoology 동물

Lectures (3)

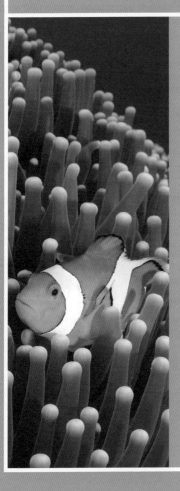

blend
reproduce
capture
shelter
nocturnal
omnivorous
chase
carnivorous
acute
niche
browse
covering
camouflage
gulp
landmark
secrete
waxy
flap
scavenge
inflate

일반 학습 버전

집중 암기 버전

blend
blend

A tiger's stripes allow it to **blend** in with the leaves of the jungle environment.
호랑이의 줄무늬는 호랑이가 정글 환경의 나뭇잎과 조화될 수 있게 해준다.

원어민은 이렇게!
blend in with the surroundings (동물 등이) 주변의 사물에 위장하다

토플이 좋아하는 전공 기초 지식
많은 동물은 주변 환경에 조화되도록 몸의 색을 능동적으로 변화시키거나 신체 형태와 유사한 곳에 숨는 방법으로 포식자를 피하곤 한다.

reproduce
ˌri·prəˈdus

reproduction ⑲ 번식, 생식

⑤ 번식하다

The Pacific salmon can spawn up to 5,000 eggs, but it dies soon after **reproducing**.
태평양 연어는 최대 5,000개의 알을 낳을 수 있지만, 번식 후에 바로 죽는다.

원어민은 이렇게!
ways to reproduce 번식하는 방법
reproduce prolifically 새끼를 많이 낳다

노트테이킹은 이렇게!
축약 위 단어는 'repro-' 까지만 필기한다.

capture
ˈkæp·tʃər

⑤ ~을 잡다

Many animals such as lions make use of dense vegetation to **capture** their prey.
사자와 같은 많은 동물들은 먹이를 잡기 위해 빽빽한 초목을 활용한다.

원어민은 이렇게!
capture prey 먹잇감을 포획하다
manage to capture 겨우 잡다

토플이 좋아하는 전공 기초 지식
사자는 약한 체력으로 인해 능동적이고 민첩한 사냥을 하기보다 주로 무리를 지어 먹잇감을 포위하는 방식으로 사냥한다.

노트테이킹은 이렇게!
키워드 키워드일 확률이 높아 반드시 full spelling으로 작성한다.

shelter

ʃel·tər

동 ~을 보호하다, 피하다

A well-known example of symbiosis is the clownfish, which **shelters** in sea anemones and, by doing so, helps them to breathe and grow.

공생 관계의 잘 알려진 예시가 흰동가리인데, 이 물고기는 말미잘 속에 몸을 숨기며, 그렇게 함으로써 말미잘이 숨을 쉬고 성장하는 데 도움을 준다.

nocturnal

nɑkˈtɜr·nəl

형 야행성의

Generally, **nocturnal** creatures will have superior senses of smell and hearing, as well as eyesight that is specially adapted for darkness.

일반적으로, 야행성 생물체들은 우수한 후각 및 청각뿐만 아니라 어둠에 특별히 적응된 시각도 지니고 있다.

> **토플이 좋아하는 전공 기초 지식**
> 야행성 동물은 주 활동 시간대가 어두운 저녁이기 때문에 밤 사냥을 위한 뛰어난 시각과 후각을 갖고 있는 것이 일반적이다.

> **노트테이킹은 이렇게!**
> 축약 위 단어는 'noct-' 까지만 필기한다.

omnivorous

ɑmˈnɪv·ər·əs

형 잡식의

Raccons are adaptable creatures whose **omnivorous** diet allows them to live in a wide range of climates and habitats.

라쿤은 적응력이 뛰어난 생물체로서, 잡식성 식습관으로 인해 아주 다양한 기후와 서식지에서 생활할 수 있다.

> **기출빅데이터가 알려주는 출제포인트**
> 토플에서 자주 등장하는 잡식동물(omnivorous animals)에는 곰(bears)과 돼지(pigs)가 있다.

> **노트테이킹은 이렇게!**
> 축약 위 단어는 'omni-' 까지만 필기한다.

chase

tʃeɪs

동 ~을 쫓다

On the open plain, predators are not able to **chase** the speedy gazelle, so they must surprise their prey.

개방된 평원에서, 포식자들은 속도가 빠른 가젤을 쫓을 수 없기 때문에, 반드시 먹이인 가젤을 기습해야 한다.

carnivorous

kɑrˈnɪv·ər·əs

▣ herbivorous 초식의

몡 육식의

Carnivorous plants typically grow in areas with nutrient-deprived soil, such as wetlands and bogs.
식충성 식물은 일반적으로 습지나 늪지 같이 영양분이 부족한 토양으로 된 지역에서 자란다.

원어민은 이렇게!
carnivorous plants 식충 식물(벌레잡이 식물)
carnivorous animals 육식 동물

노트테이킹은 이렇게!
축약 위 단어는 'carniv–' 까지만 필기한다.

acute

əˈkjut

몡 예리한

With its **acute** sense of smell, a shark can detect a single drop of blood from up to a quarter-mile away.
예민한 후각으로 인해, 상어는 최대 1/4 마일 떨어진 곳에서의 피 한방울까지 감지할 수 있다.

원어민은 이렇게!
acute sense of 뛰어난 ~ 감각

niche

nɪtʃ

몡 틈새, (딱 맞는) 자리

Bats are a crucial member of the **niche** of animals that control insect populations.
박쥐는 곤충 개체수를 조절하는 생태적 지위를 지니는 중요한 동물들 중 하나이다.

토플이 좋아하는 전공 기초 지식

생태적 지위(ecological niche)라는 용어가 출제되곤 한다. 이는 생태계 먹이사슬 내에서 개별적인 생물종이 차지하고 있는 지위를 말하는 용어로, 일반적으로 생태적 지위가 같은 두 개 이상의 생물종은 동일한 지역에서 생존하지 못한다.

노트테이킹은 이렇게!
키워드 키워드일 확률이 높아 반드시 full spelling으로 작성한다.

browse

braʊz

동 풀을 뜯어먹다

Due to their height, moose prefer to **browse** high grasses and shrubs.
키 때문에, 무스는 키가 큰 풀과 관목을 뜯어먹는 것을 선호한다.

covering

★★★

ˈkʌv·ər·ɪŋ

cover ⑧ 덮다

⑨ 막, 덮개

Arctic birds have a special **covering** on their feet that protects them from frostbite.

북극 조류는 동상으로부터 보호하기 위해 발에 특별한 보호막을 갖고 있다.

토플이 좋아하는 전공 기초 지식

추운 지역에 사는 동물일수록 체온 손실을 방지하기 위해, 차가운 기온에 신체가 노출되는 것을 최소화시키기 위한 보호막 또는 털로 몸이 덮여 있도록 진화했다.

camouflage

★★★

ˈkæm·ə·flɑːʒ

comouflage ⑧ 위장하다

⑨ 위장, 변장

The hawk moth caterpillar utilizes **camouflage** by mimicking the looks and behavior of a deadly pit viper.

박각시나방 애벌레는 치명적인 살무사의 모습과 행동을 모방하는 방식으로 위장술을 활용한다.

원어민은 이렇게!

permanent camouflage 영구 위장
protective camouflage 보호 위장

토플이 좋아하는 전공 기초 지식

동물의 위장술은 생존과 번식에 큰 영향을 미친다. 예를 들어 문어는 몸과 색을 자유자재로 바꿔 천적으로부터 몸을 숨기고 먹잇감을 사냥한다.

노트테이킹은 이렇게!

축약 위 단어는 'camou-' 까지만 필기한다.

gulp

★★

gʌlp

⑧ ~을 꿀꺽 삼키다

Studies have found that marine mammals that **gulp** down their food whole, such as dolphins and sea lions, lack taste receptors.

연구에 따르면 돌고래나 바다사자와 같이 먹이를 한입에 꿀꺽 삼키는 해양 포유류는 미각 수용기가 부족한 것으로 밝혀졌다.

토플이 좋아하는 전공 기초 지식

동물의 개체수 감소 또는 멸종을 연구할 때 가장 큰 문제는 해당 동물의 사체가 없다는 점이다. 그 주된 이유는 대부분 포식자가 통째로 동물을 먹어버려 사체를 찾을 수 없기 때문이다.

landmark

ˈlændˌmɑrk

Another theory suggests that migrating birds depend on visual **landmarks** to navigate during their seasonal journeys.

또 다른 이론은 철새들이 계절적 이동을 하는 동안에 방향을 찾기 위해 시각적인 지형지물에 의존한다고 주장한다.

원어민은 이렇게!

visual landmarks for bird navigation 새의 비행을 위한 시각적 지형지물

토플이 좋아하는 전공 기초 지식

새들은 장거리를 여행하면서도 그 방향을 잃지 않는데, 이는 새가 시각적으로 두드러진 지형지물이나 지구 자기장을 활용해 일정한 방향 기준을 잡으며 이동하기 때문이다.

secrete

sɪˈkriːt

When threatened, a skunk will **secrete** a pungent chemical from a special gland located beneath its tail.

위협을 당했을 때, 스컹크는 꼬리 아래에 위치한 특수 샘을 통해 냄새가 지독한 화학 물질을 분비한다.

원어민은 이렇게!

secrete substances 물질을 분비하다

토플이 좋아하는 전공 기초 지식

스컹크의 경우 자신의 몸을 보호하는 두 가지 방법이 있는데, 첫 번째는 냄새가 아주 지독한 가스를 뿜어내어 포식자들에게 고통을 주는 것이고, 두 번째는 이러한 냄새를 지닌 동물이라는 점을 인식시키기 위해 검은색과 흰색의 경고 색상을 유지하고 있다는 점이다.

노트테이킹은 이렇게!

키워드 키워드일 확률이 높아 반드시 full spelling으로 작성한다.

waxy

ˈwæk·si

To prevent dehydration, the frog smears a **waxy** coating across its skin that it produces from specialized glands.

탈수를 방지하기 위해, 개구리는 특수화된 샘에서 만들어내는 매끈한 피막 물질을 피부 전체에 바른다.

토플이 좋아하는 전공 기초 지식

개구리는 몸 자체에서 여러 물질을 분비하는데, 이러한 분비물은 매끈매끈한 피부막을 유지하는 데 도움을 주고 먼지나 건조함으로부터 스스로를 보호한다.

flap

flæp

To minimize the energy used to **flap**, large birds utilize thermals, columns of rising air, to gain height in the sky.
펄럭이는 데 쓰이는 에너지를 최소화하기 위해, 몸집이 큰 새들은 상승하는 공기 기둥인 상승 온난 기류를 활용해 하늘에서 고도를 높인다.

원어민은 이렇게!
flap wings up and down 위아래로 날갯짓을 하다

토플이 좋아하는 전공 기초 지식
오랜 시간 비행을 해야 하는 새들의 경우, 시간이 지남에 따라 더욱 긴 날개를 갖도록 진화되었으며, 이는 날개짓을 최소화시켜 전체적인 에너지 소비량을 줄이기 위함이다.

scavenge

ˈskæv·əndʒ

동 먹이를 뒤지다

Vultures will circle the sky above a dying creature, waiting patiently to **scavenge** its carcass.
독수리는 죽어가는 생물체 위의 하늘에서 빙빙 돌면서 동물 사체를 먹기 위해 참을성 있게 기다린다.

기출빅데이터가 알려주는 출제포인트
출제 빈도가 상당히 높은 어휘 중 하나이며, 능동적으로 사냥을 하는 포식자(active hunter)가 아닌 보통 동물의 작은 크기 등을 이유로 죽은 먹이를 찾는 동물(scavenger)로서 지니는 특성과 관련된 내용이 자주 등장한다.

노트테이킹은 이렇게!
축약 위 단어는 'scav-' 까지만 필기한다.

inflate

ɪnˈfleɪt

동 ~을 부풀리다

Some species of birds **inflate** themselves to ward off predators or to attract mates.
일부 조류 종은 포식자를 멀리 쫓거나 짝을 유혹하기 위해 몸을 부풀린다.

원어민은 이렇게!
be fully inflated 완전히 부풀리다

토플이 좋아하는 전공 기초 지식
많은 동물들이 포식자와 마주쳤을 때 혹은 다른 동물들로부터 새끼를 보호해야 할 때 순식간에 몸을 부풀려 상대방에게 겁을 준다. 또한 짝짓기를 위한 구애를 할 때에도 몸을 부풀리는 행위를 한다.

Brief Review

✅ 빈칸에 들어갈 알맞은 표현을 박스에서 찾아보세요.

① capture	② acute	③ carnivorous
④ reproduce	⑤ camouflage	⑥ secrete

1. 번식하는 방법 ways to _____

2. 육식 동물 _____ animals

3. 뛰어난 ~ 감각 _____ sense of

4. 보호 위장 protective _____

5. 물질을 분비하다 _____ substances

6. 먹잇감을 포획하다 _____ prey

✅ 앞서 배운 단어의 뜻을 생각하며 읽어보고 빈칸에 알맞은 단어를 박스에서 찾아보세요.

① acute	② chase	③ blending	④ capture

[1]The professor talks about how animals adapted to 7. _____ their prey in harsh environments. [2]The professor gives an example of sea lions to explain this. [3]First, sea lions have whiskers that allow them to have an 8. _____ sense of touch. [4]Their super-sensitive whiskers let them feel where the fish are. [5]Whiskers can detect fish 9. _____ in with the murky underwater environment. [6]When fish make little waves, sea lions respond to the movement and follow their prey. [7]Second, sea lions have flippers that allow them to move quickly and efficiently through water. [8]By using front and back flippers, they can 10. _____ fish quickly and move flexibly.

해석 1 교수님은 동물들이 가혹한 환경 속에서 먹이를 **잡기** 위해 어떻게 적응했는지에 대해 이야기하고 있습니다. 2 교수님은 이를 설명하기 위해 바다사자를 예로 들고 있습니다. 3 첫째로, 바다사자는 **예민한** 촉각을 갖도록 하는 수염이 있습니다. 4 바다사자의 극도로 민감한 수염은 그들이 물고기가 어디에 있는지 느낄 수 있도록 합니다. 5 수염은 탁한 물 속 환경에 **위장하는** 물고기를 감지할 수 있습니다. 6 물고기가 작은 파장이라도 만들어내면, 바다사자는 그 움직임에 반응해 먹이를 쫓습니다. 7 둘째로, 바다사자는 지느러미 발을 지니고 있어 물 속에서 빠르고 효율적으로 움직일 수 있습니다. 8 앞쪽과 뒤쪽의 지느러미 발을 활용해, 빠르게 물고기를 **뒤쫓고** 유연하게 움직일 수 있습니다.

DAY 17

Business 경영
Economy 경제

&

Lectures (4)

coal
meet
fuel
restrict
exaggerate
recognize
uniform
impose
manufacture
label
travel
misleading
opaque
pesticide
single-use
vacuum
barter
lucrative
debt
consumption

일반 학습 버전

집중 암기 버전

coal

ㅋoʊl

명 석탄

Many global economies are still largely driven by exports of **coal** and oil.

여전히 석탄과 기름의 수출에 의해 많은 세계 경제가 대부분 작동한다.

원어민은 이렇게!
coal dust 석탄 가루, 분진
coal mining 석탄 채굴

노트테이킹은 이렇게!
키워드 키워드일 확률이 높아 반드시 full spelling으로 작성한다.

---

meet

mit

동 ~을 충족시키다

Companies that fail to **meet** the requirements of the environmental regulations will be shunned by their customers.

환경 규제 요건을 충족하지 못하는 회사들은 소비자들에게 외면당하게 될 것이다.

원어민은 이렇게!
meet the needs 수요를 충족하다
meet the standards 기준을 충족시키다

노트테이킹은 이렇게!
키워드 키워드일 확률이 높아 반드시 full spelling으로 작성한다.

토플이 좋아하는 전공 기초 지식
고객의 눈높이에 맞춰 그들이 원하는 수요를 충족하는 것이 기업이 해야 하는 가장 중요한 일이기 때문에 마케팅 팀에서는 입소문 마케팅(buzz marketing)을 활용한다. 즉, 실제 구매자나 사용자들이 소셜 미디어를 활용해 주변 사람에게 제품을 권하게 만드는 방식으로, 잠재 고객을 이러한 긍정적인 메세지에 노출시키는 방식이다.

---

fuel

ˈfju·əl

동 연료를 공급하다, 활기를 불어넣다

In addition, small businesses **fuel** local economies, as they provide both goods and employment to communities.

추가로, 소기업들은 지역 경제에 활기를 불어넣는데, 지역 사회에 상품과 고용 기회 모두를 제공하기 때문이다.

노트테이킹은 이렇게!
키워드 키워드일 확률이 높아 반드시 full spelling으로 작성한다.

restrict

rɪˈstrɪkt

restriction 몡 제한

용 ~을 제한하다

Governments have passed regulations that **restrict** large corporations from establishing a monopoly in their industries.

정부는 대기업들이 각자의 업계에서 독과점을 형성하는 일을 제한하는 규정을 통과시켰다.

restrict the sale of ~의 판매를 제한하다

키워드 키워드일 확률이 높아 반드시 full spelling으로 작성한다.

exaggerate

ɪɡˈzædʒ·əˌreɪt

exaggeration 몡 과장

용 ~을 과장하다

Consumers expect commercials to **exaggerate** the benefits and uses of a product to some extent.

소비자들은 광고가 제품의 장점과 용도를 어느 정도는 과장할 것으로 예상한다.

be greatly exaggerated 심하게 과장되다

과장 광고는 소비자를 우롱하고 기만하는 행위라고 판단되어 위법으로 간주되는 경우가 많다.

축약 위 단어는 'exagg~' 까지만 필기한다.

recognize

ˈrek·əgˌnɑɪz

recognition 몡 인지

용 ~을 인지하다

The professor goes on to give an example of a friend who bought some sunglasses only because he **recognized** the brand.

이어서 교수는 단지 브랜드 인지도 때문에 몇몇 선글라스를 구입한 친구를 예시로 든다.

easy to recognize 알아보기 쉬운

축약 위 단어는 'recog~' 까지만 필기한다.

DAY
17

Speaking & Writing

uniform

juˑnəˌfɔrm

㉕ 동일한

Genetically modified fruits are **uniform** in appearance, and this makes them more visually appealing to customers in a market.

유전적으로 조작된 과일들은 모습이 동일하며, 이는 시장에서 고객들에게 시각적으로 더욱 매력적이게 보이도록 만든다.

원어민은 이렇게!

genetically uniform 유전적으로 동일한

토플이 좋아하는 전공 기초 지식

유전자 조작 작물(GM crops; Genetically Modified crops)의 등장으로 기업은 안정적으로 품질이 개선된 제품을 생산해낼 수 있게 되었다. 또한 특정 질병이나 해충으로부터 강해지도록 유전자 조작을 함으로써 살충제 사용을 줄이게 되었다.

impose

ɪmˈpoʊz

㉗ ~을 부과하다

In order to discourage the purchase of tobacco and alcohol products, governments often **impose** higher taxes on them.

담배와 주류 제품의 구입을 막기 위해, 정부는 흔히 그 제품들에 더 높은 세금을 부과한다.

원어민은 이렇게!

impose heavy fines 과중한 벌금을 부과하다
impose a ban on ~의 금지를 적용하다

manufacture

ˌmænˑjəˈfækˑtʃər

㉗ ~을 제조하다

For instance, a company that **manufactures** furniture may require business contracts with several different textile distributors.

예를 들어, 가구를 제조하는 회사는 여러 다른 직물 유통업체들과의 사업 계약을 필요로 할 수 있다.

label

'leɪ·bəl

Second, the professor argues that most food products that have been **labeled** 'organic' have not actually met the specific requirements.

두 번째로, 교수는 '유기농'이라고 표기된 대부분의 식품들이 실제로는 구체적인 요건을 충족하지 않았다고 주장한다.

노트테이킹은 이렇게!
[키워드] 키워드일 확률이 높아 반드시 full spelling으로 작성한다.

travel

'træv·əl

⑧ ~로 이동하다

A promising new business idea will **travel** quickly across the world, so similar businesses will spring up in different countries at the same time.

장래성 있는 새로운 사업 아이디어는 빠르게 전 세계로 퍼져 나가게 되므로, 유사 업체들이 동시에 다른 국가에서 속속 생겨난다.

misleading

mɪsˈli·dɪŋ

⑧ 오해하게 하는

For instance, a popular brand of detergent recently released a **misleading** advertisement that angered consumers, and now the brand is struggling.

예를 들어, 인기 있는 세제 브랜드가 최근 오해의 소지가 있는 광고를 공개해 소비자들을 화나게 만들었으며, 현재 그 브랜드는 큰 어려움을 겪고 있다.

원어민은 이렇게!
misleading information 잘못된 정보
dangerously misleading 위험할 정도로 오해의 소지가 있는

노트테이킹은 이렇게!
[축약] 위 단어는 'mislead-' 까지만 필기한다.

DAY
17

Speaking & Writing

opaque

oʊˈpeɪk

웹 불투명한

Consumers feel reassured when they can see the contents of a bottle, so **opaque** packaging is rarely used for liquid food products.

소비자들은 병 속의 내용물을 볼 수 있을 때 안도감을 느끼므로, 불투명한 포장재는 액체류의 식품에 좀처럼 사용되지 않는다.

토플이 좋아하는 전공 기초 지식

흥미롭게도 소비자들은 음료를 구매할 때 불투명한 병에 들어있는 제품보다 색과 형태가 잘 보이는 투명한 용기에 담긴 음료를 선호한다는 연구 결과가 있다.

pesticide

ˈpesˌtəˌsaɪd

명 농약, 살충제

Farmers now use a variety of natural alternatives for pest control since the use of harmful **pesticides** has been banned.

농부들은 현재 해충 방제를 위해 다양한 천연 대체품을 사용하고 있는데, 유해한 살충제 사용이 금지되었기 때문이다.

원어민은 이렇게!

pesticide use 살충제 사용
urge cuts in pesticide use 살충제 사용 제한을 촉구하다

노트테이킹은 이렇게!

축약 위 단어는 'pest-' 까지만 필기한다.

single-use

ˌsɪŋˈɡəlˈjuːs

웹 일회용의

Many restaurant businesses avoid using **single-use** containers in order to attract consumers by being environmentally friendly.

많은 요식업체들이 일회용 용기의 사용을 피하는데, 친환경적인 상태를 유지함으로써 고객을 유인하기 위함이다.

vacuum

ˈvækˌjum

명 진공, 공백

Observant entrepreneurs will move quickly to fill any **vacuum** left in a market.

관찰력 있는 기업가들은 시장에 남아 있는 어떤 공백이든 채우기 위해 빠르게 움직일 것이다.

barter

ˈbɑr·tər

명 물물 교환

In the past, communities allowed **barter** for basic goods or products, but modern societies do not rely on simple bartering systems.

과거의 지역 사회는 기본적인 상품이나 물건에 대해 물물 교환을 허용했지만, 현대 사회는 단순한 물물 교환 시스템에 의존하지 않는다.

lucrative

ˈlu·krə·tɪv

형 수익성이 좋은

In fact, asteroid mining may be the most **lucrative** industry in the near future.

실제로, 소행성 채굴이 가까운 미래에 가장 수익성이 좋은 산업이 될 수도 있다.

debt

det

명 빚, 부채

The national **debt** rose sharply due to the country's increased spending on infrastructure such as railroads and highways.

철도나 고속도로와 같은 사회기반시설에 대한 인상된 지출로 인해 국가 부채가 급격히 늘었다.

consumption

kənˈsʌmp·ʃən

명 소비

Governments are hesitant to pass laws that will reduce oil **consumption** since they will have a major impact on the profits of energy companies.

정부마다 석유 소비를 줄일 법안을 통과시키기를 주저하고 있는데, 이 법안들이 에너지 회사들의 수익에 엄청난 영향을 미칠 것이기 때문이다.

Brief Review

✅ 빈칸에 들어갈 알맞은 표현을 박스에서 찾아보세요.

① misleading	② coal	③ impose
④ lucrative	⑤ recognize	⑥ meet

1. 알아보기 쉬운 easy to _____

2. 잘못된 정보 _____ information

3. 석탄 채굴 _____ mining

4. 수익성이 높은 사업 _____ business

5. 과중한 벌금을 부과하다 _____ heavy fines

6. 수요를 충족하다 _____ the needs

✅ 앞서 배운 단어의 뜻을 생각하며 읽어보고 빈칸에 알맞은 단어를 박스에서 찾아보세요.

① consumption	② lucrative	③ misleading	④ pesticide

[1]Some people believe that growing genetically modified plants would be very
7. _____ for farmers. [2]Genetically modified plants are known to grow
faster and provide higher crop yields to farmers. [3]Also, they are modified to resist
insects and diseases. [4]By using less **8.** _____, farmers can save money.
[5]Contrary to what some believe, the financial benefits of this technology can be
9. _____ in some cases because of the seed price. [6]For certain modified
crops, the **10.** _____ in the market is highly concentrated. [7]This
concentration for certain genetically modified plants increases the price of the
seeds. [8]In addition, farmers have to pay additional costs such as licensing fees
for patents. [9]Because of these hidden costs, there are lower returns for the
farmers.

해석 1 어떤 사람들은 유전자 조작 식물을 경작하는 것이 농부들에게 매우 **수익성이 높을** 것이라고 생각합니다. 2 유전자 조작 식물은 더 빨리 자라고 농부들에게 높은 작물 수확량을 제공하는 것으로 알려져 있습니다. 3또한, 곤충과 질병을 견디도록 조정되어 있습니다. 4 **살충제를** 덜 사용함으로써, 농부들은 돈을 절약할 수 있습니다.
5 일부 사람들이 생각하는 것과는 대조적으로, 이 기술의 금전적 혜택은 씨앗 가격 때문에 몇몇의 경우에 있어 **오해의 소지가 있을** 수 있습니다. 6 특정 유전자 조작 작물에 대해서는 시장 내에서의 **소비가** 크게 집중되어 있습니다. 7 이와 같은 특정 유전자 조작 식물에 대한 집중은 씨앗의 가격을 인상시킵니다. 8 추가로, 농부들은 특허 인허가 수수료와 같은 추가적인 비용을 지불해야 합니다. 9 이와 같은 간접 비용으로 인해, 농부들에게 돌아가는 수익이 더 낮습니다.

정답

1. ⑤ 2. ① 3. ② 4. ④ 5. ③ 6. ⑥
7. ② 8. ④ 9. ③ 10. ①

DAY 18

Art 예술 &
Architecture 건축

Lectures (5)

texture
portray
stir
influential
residential
intact
artificial
ornamentation
burial
devise
carved
fabric
extraordinary
literary
vibrant
suspicious
representation
instrument
enormous
erect

일반 학습 버전

집중 암기 버전

texture

★★★

'teks·tʃər

몡 질감, 감촉

Artists can also use **texture** to direct the viewer's sight through a work of art, employing smooth or rough areas to highlight certain features.

화가들은 하나의 미술 작품 전체에 걸쳐 감상자의 시선을 돌리기 위해 질감도 사용할 수 있는데, 특정 요소들을 강조하기 위해 부드럽거나 거친 영역을 활용한다.

a smooth texture 부드러운 질감
add texture 질감을 더하다

키워드 키워드일 확률이 높아 반드시 full spelling으로 작성한다.

---

portray

★★★

pɔr'treɪ

통 묘사하다

The cave art **portrayed** animals indigenous to the areas and methods for hunting them.

그 동굴 미술은 그 지역의 토착 동물과 그 동물의 사냥 방법을 묘사했다.

portray oneself as 스스로를 ~로 묘사하다

키워드 키워드일 확률이 높아 반드시 full spelling으로 작성한다.

---

stir

★★

stɜr

통 ~을 휘젓다, 자극하다

It is generally acknowledged that bold and vivid colors like red **stir** the emotions of the viewer.

빨간색과 같은 강렬하고 선명한 색상이 감상자의 감정을 자극한다는 것은 일반적으로 인정되고 있다.

stir up emotions 감정을 자극하다

작가의 강렬한 붓질이나 붉은색과 같은 강렬한 색감의 활용은 관람객의 감정을 자극하는 데 큰 역할을 수행하며, 이를 통해 작가는 메시지를 효과적으로 전달할 수 있다.

키워드 키워드일 확률이 높아 반드시 full spelling으로 작성한다.

influential

☆☆☆

ɪn·flu'en·ʃəl

형 영향력 있는

Many **influential** artists and authors resided in Paris in the years directly after World War I.

영향력 있는 많은 미술가들과 작가들이 1차 세계 대전 직후 수년 동안 파리에 거주했다.

an influential figure 영향력 있는 인물
play an influential role in ~에 영향력 있는 역할을 수행하다

축약 위 단어는 'influ-' 까지만 필기한다.

residential

☆☆☆

rez·ɪ'den·tʃəl

형 거주의

Contemporary architecture has reimagined **residential** spaces in order to improve both comfort and sustainability.

현대 건축은 쾌적함과 지속 가능성 모두를 향상시키기 위해 거주 공간을 재해석해 왔다.

residential areas 주거 지역

일부 돌덩어리나 분명한 목적을 알 수 없는 건축물이 종교적 행위 또는 거주 목적으로 지어졌을 것이라는 가설과, 이를 반박하는 교수의 내용이 통합형 라이팅 주제로 종종 등장한다.

축약 위 단어는 'reside-' 까지만 필기한다.

intact

☆☆☆

ɪn'tækt

형 온전한

The *Goldfinch* was the only painting to survive the fire fully **intact**.

<골드핀치>는 전적으로 온전한 상태로 그 화재에서 살아남은 유일한 그림이다.

미술 작품이 온전한 형태로 발견되는 것이 아니라 손상되고 관리가 잘 되지 않은 상태로 세상의 빛을 보는 경우, 전문가들은 분광학이나 컴퓨터 프로그램을 통해 그 작품을 최대한 원상태로 복원시키고자 노력한다.

☆ artificial

ˌɑr·təˈfɪʃ·əl

인위적인

Most museums and galleries are windowless since **artificial** light is preferable for viewing art.

대부분의 박물관과 미술관들은 창문이 없는데, 인공 조명이 작품 감상에 선호되기 때문이다.

원어민은 이렇게!
artificial light 인공 조명
artificial fiber 인공 섬유

노트테이킹은 이렇게!
키워드 키워드일 확률이 높아 반드시 full spelling으로 작성한다.

☆ ornamentation

ˌɔːr·nə·menˈteɪ·ʃən

ornament 명 장식품, 장신구

명 장식, 장식품

Baroque architecture, popular throughout the 17th and 18th centuries in Europe, was highly decorative and featured extensive **ornamentation**.

유럽에서 17세기와 18세기 전반에 걸쳐 인기 있었던 바로크 건축은 매우 장식적이었으며, 광범위한 장식을 특징으로 했다.

토플이 좋아하는 전공 기초 지식
고대에는 사회적 계급이 높을수록 지위를 과시하기 위해 다양한 무늬와 패턴이 그려진 작품을 소유하거나 이러한 의상을 입었다고 한다.

노트테이킹은 이렇게!
축약 위 단어는 'orna-' 까지만 필기한다.

☆ burial

ˈber·i·əl

bury 동 묻다, 매장하다

명 매장, 장례(식)

Hundreds of priceless artifacts were recovered from the pharaoh's **burial** site.

수백 개의 값을 매길 수 없는 공예품들이 그 파라오의 매장지에서 출토되었다.

☆ devise

dɪˈvaɪz

동 ~을 고안하다

Realist painters **devised** methods for using light and darkness to create life-like images.

사실주의 화가들은 실제와 같은 이미지를 만들어내기 위해 빛과 어둠을 활용하기 위한 방법들을 고안해냈다.

노트테이킹은 이렇게!
키워드 키워드일 확률이 높아 반드시 full spelling으로 작성한다.

carved

kɑːrv·d

형 조각된

The **carved** pillars in the main hall were elaborately decorated.
본관 홀의 조각 기둥들은 정교하게 장식되었다.

노트테이킹은 이렇게!
키워드 키워드일 확률이 높아 반드시 full spelling으로 작성한다.

---

fabric

ˈfæb·rɪk

형 직물, 천

Synthetic dyes developed in the 19th century made it much cheaper and easier to produce blue **fabrics**.
19세기에 개발된 합성 염료는 훨씬 더 저렴하고 수월하게 푸른색 직물을 생산할 수 있게 만들었다.

---

extraordinary

ɪkˈstrɔːr·dənˌer·i

형 놀라운, 대단한

Furthermore, an **extraordinary** amount of skill and creativity goes into creating modern television series.
더욱이, 아주 놀랄 만한 수준의 기술과 창의성이 현대의 TV 시리즈를 만드는 데 투입된다.

원어민은 이렇게!
extraordinary growth 놀라운 성장
an extraordinary expense 기록적인 비용

---

literary

ˈlɪt·əˌrer·i

literature **명** 문학

형 문학의

The article argues that watching television cannot be considered a **literary** activity because it doesn't require long periods of focus.
그 기사는 TV를 시청하는 것이 장시간의 집중력을 필요로 하지 않기 때문에 문학적인 활동으로 여겨질 수 없다고 주장한다.

토플이 좋아하는 전공 기초 지식
여전히 일부 전문가들은 소설책과 같은 문학 활동을 하는 것만큼 사람들의 지적 호기심을 채워주고 성장시킬 수 있는 좋은 방법은 없다고 주장한다.

vibrant

'vɑɪ·brənt

형 생생한

The artist stood out from his peers because of his use of **vibrant** colors and surreal imagery.

그 미술가는 생동감 넘치는 색과 초현실적인 이미지 사용으로 동료들 사이에서 두드러졌다.

> **토플이 좋아하는 전공 기초 지식**
>
> 많은 화가들이 생동감 있고 활기 넘치는 밝은 색을 선호했던 시기에도 네덜란드의 유명 화가 렘브란트를 포함한 일부 화가들은 어둡고 탁한 색을 활용해 깊이 있고 우아한 그림을 그려내곤 했다.

> **노트테이킹은 이렇게!**
>
> **키워드** 키워드일 확률이 높아 반드시 full spelling으로 작성한다.

suspicious

sə'spɪʃ·əs

형 의심스러운

Art critics were **suspicious** of the painting's authenticity and demanded that it be analyzed thoroughly.

예술 평론가들은 그 그림의 진위에 대해 의심스러워했고 해당 작품이 철저히 분석될 것을 요구했다.

representation

ˌrep·rɪ·zen'teɪ·ʃən

represent **동** 표현하다

명 표현, 표상, 묘사

There are numerous **representations** of important figures and stories from Greek mythology in Renaissance architecture.

르네상스 건축물에는 그리스 신화의 중요 인물과 이야기에 대한 수많은 묘사가 있다.

> **토플이 좋아하는 전공 기초 지식**
>
> 시대에 따라 인류는 동굴에 동물을 표현하기도 하고 인간이나 신을 벽화로 그려 내기도 했으며, 자연과 우주를 종이에 남기는 등 당시의 시대상을 다양한 표현 방법으로 기록해 두었다.

instrument

'ɪn·strə·mənt

명 수단

Vincent van Gogh experimented with a variety of **instruments** to create unique effects in his paintings.

빈센트 반 고흐는 자신의 그림에 독특한 효과를 만들어내기 위해 다양한 도구들을 실험했다.

> **노트테이킹은 이렇게!**
>
> **축약** 위 단어는 'instru-' 까지만 필기한다.

enormous

ɪˈnɔːr·məs

휑 막대한

The painter played an **enormous** role in contributing to what historians now refer to as the Dutch Golden Age.

그 화가는 역사가들이 현재 네덜란드의 황금기라고 부르는 시기에 기여하는 엄청난 역할을 했다.

원어민은 이렇게!
enormous increase in ~의 엄청난 증가

erect

ɪˈrekt

흥 ~을 세우다

Statues of many well-known authors were **erected** across Europe to commemorate their contributions to literature.

문학에 대한 공헌을 기리기 위해 많은 저명한 작가들의 조각상이 유럽 지역에 걸쳐 세워져 있다.

✔ 빈칸에 들어갈 알맞은 표현을 박스에서 찾아보세요.

① residential	② texture	③ extraordinary
④ artificial	⑤ influential	⑥ stir

1. 부드러운 질감 a smooth _____

2. 감정을 자극하다 _____ up emotions

3. 놀라운 성장 _____ growth

4. 영향력 있는 인물 an _____ figure

5. 주거 지역 _____ areas

6. 인공 섬유 _____ fiber

✔ 앞서 배운 단어의 뜻을 생각하며 읽어보고 빈칸에 알맞은 단어를 박스에서 찾아보세요.

① texture	② devise	③ portray	④ stir

[1]Artists **7.** _____ several ways to communicate with their audience, and the professor gives two examples. [2]One of the best ways is using **8.** _____. [3]A painter can **9.** _____ something that creates the illusion of various textures by using different colors, lines, or shapes. [4]Imagine holding a rock in your hand. [5]An artist would use a rough, coarse texture in order to express these feelings to the audience. [6]The second way is using brushstrokes. [7]Similar to texture, vigorous and bold brushstrokes cover up unnecessary details and make the audience focus on the artist's message. [8]On the other hand, thin layers of virtually invisible brushstrokes result in a detailed and fine image that can **10.** _____ up deep emotions in the audience.

해석 1 화가들은 관람객과 소통하기 위해 여러 가지 방법을 **고안하며**, 교수님께서는 두 가지를 예로 들고 있습니다. 2 가장 좋은 방법 중 하나는 **질감**을 활용하는 것입니다. 3 화가는 다양한 색과 선, 또는 모양을 사용하여 다양한 질감으로 된 환상을 만들어주는 것을 **묘사할** 수 있습니다. 4 손에 돌을 하나 들고 있다고 상상해 보세요. 5 화가는 관람객들에게 그 느낌을 전달하기 위해 고르지 않고 거친 질감을 활용합니다. 6 두 번째 방법은 붓질을 활용하는 것입니다. 7 질감과 마찬가지로, 활기 넘치고 대담한 붓질은 불필요한 세부 요소들은 메워주고 관람객들이 화가의 메시지에 집중하게 해줍니다. 8 반면에, 실질적으로 눈에 보이지 않는 얇은 층의 붓질은 관람객들에게 깊은 감정을 **불러일으킬** 수 있는 세부적이고 수준 높은 이미지라는 결과를 낳습니다.

정답

1. ② 2. ⑥ 3. ③ 4. ⑤ 5. ① 6. ④
7. ② 8. ① 9. ③ 10. ④

DAY 19

Geology 지질 & Environment 환경

Lectures (6)

surface
inhospitable
embed
marsh
preserve
wane
solid
emission
threaten
pollutant
landfill
frigid
frost
organic
erode
excavate
harsh
crevice
explore
loose

일반 학습 버전

집중 암기 버전

surface

'sɜr·fəs

명 표면, 수면

Minerals and ores such as copper, lead, and zinc appear far below the **surface** of the Earth.

구리나 납, 그리고 아연 같은 광물과 광석은 지구 표면보다 훨씬 아래에서 나타난다.

원어민은 이렇게!

beneath the surface 표면 아래에
even surface 평평한 표면
rough surface 거친 표면

노트테이킹은 이렇게!

키워드 키워드일 확률이 높아 반드시 full spelling으로 작성한다.

---

inhospitable

ˌɪn·hɑˈspɪt·ə·bl

형 살기 어려운

With its extreme temperatures and lack of water sources, the Sahara Desert is unsurprisingly one of the most **inhospitable** places on Earth.

극한의 기온과 수자원 부족으로 인해, 사하라 사막은 놀랄 것도 없이 지구상에서 가장 살기 힘든 지역들 중 하나이다.

원어민은 이렇게!

inhospitable condition 거주할 수 없는 환경

토플이 좋아하는 전공 기초 지식

동식물이 살기 아주 어려운 환경에서도 박테리아나 미생물이 자리를 잡고 살아갈 수 있기 때문에 과학자들은 지구에 있는 용암이나 사막 또는 심해 등 다양한 장소를 탐험하고 연구한다.

노트테이킹은 이렇게!

부정어 in은 부정어이므로 X를 활용해 다음과 같이 필기한다.
- hosp X

---

embed

ɪmˈbed

동 ~을 박다, 끼워 넣다

The layer of rock in which a fossil is **embedded** indicates its approximate age.

화석이 박혀있던 그 바위층이 대략적인 나이를 나타낸다.

marsh

marʃ

⑲ 습지, 늪 지대

Marshes absorb excess nutrients from water and serve as a vital habitat for many kinds of birds.

습지는 물에서 과도한 영양분을 흡수하며, 많은 종류의 새들에게 필수적인 서식지 역할을 한다.

원어민은 이렇게!
a large area of marsh 넓은 습지대
coastal marsh 해안습지

preserve

prɪˈzɜrv

⑧ ~을 보존하다

A wolf head from nearly 40,000 years ago was perfectly **preserved** in the Siberian permafrost.

거의 4만년 전의 늑대 머리가 시베리아 영구 동토층에 완벽하게 보존되어 있었다.

토플이 좋아하는 전공 기초 지식
화석이란 과거에 살았던 생물의 유해나 흔적이 퇴적물에 의해 쌓이고 보호되어 오랫동안 보존된 것을 의미한다.

노트테이킹은 이렇게!
키워드 키워드일 확률이 높아 반드시 full spelling으로 작성한다.

wane

weɪn

⑧ ~이 줄어들다

Currents in the Atlantic Ocean have been **waning** in strength over the past half-century.

대서양의 해류는 지난 반세기에 걸쳐 강도가 계속 줄어들었다.

원어민은 이렇게!
wax and wane 차고 기울다, 흥망성쇠가 있다

solid

ˈsɑl·ɪd

⑲ 단단한

The Earth's **solid** outer layer floats on the liquid-like mantle beneath it.

지구의 단단한 외층은 그 아래에 있는 액체 같은 맨틀 위에 떠 있다.

원어민은 이렇게!
a solid rock 단단한 바위

emission

i'mɪʃ·ən

⑲ 배출, 방출

Greenhouse gas **emissions** have greatly increased the amount of CO2 and methane present in the Earth's atmosphere over the past century.

온실 가스 배출물이 지난 1세기에 걸쳐 지구 대기에 존재하는 이산화탄소와 메탄 가스 양을 크게 증가시켰다.

노트테이킹은 이렇게!

키워드 키워드일 확률이 높아 반드시 full spelling으로 작성한다.

threaten

'θret·ən

⑧ 위협하다

Volcanic gases that are emitted through cracks in the rock **threaten** all local vegetation.

그 암석의 틈을 통해서 방출되는 화산 가스가 모든 현지 식물을 위협하고 있다.

pollutant

pə'lu·tənt

⑲ 오염 물질

A wetland acts as a natural filter for **pollutants**, though excessive amounts can severely disrupt the ecosystem.

습지가 오염 물질에 대한 천연 여과기의 역할을 하기는 하지만, 오염 물질의 과도한 양은 생태계에 심각하게 지장을 줄 수 있다.

원어민은 이렇게!

pollutants released into the atmosphere 대기 중에 방출된 오염 물질

토플이 좋아하는 전공 기초 지식

공업 폐수 또는 쓰레기로 동식물의 멸종이 발생하는 경우가 많아지고 있고, 이러한 문제를 줄이기 위해 기업들을 자재를 변경하거나 제품 형태를 변화시켜 생태계 파괴를 최소화하고자 노력하고 있다.

landfill

'lænd.fɪl

⑲ 매립지

Since most packaging materials end up in **landfills**, it is important that they be biodegradable.

대부분의 포장재들이 결국에는 쓰레기 매립지로 가기 때문에, 그것들이 생분해성인 것이 중요하다.

frigid

'frɪdʒ·əd

형 몹시 추운

As the normally **frigid** waters around Greenland warm, the icebergs off of its shores continue to melt.

그린란드 주변의 일반적으로 몹시 차가운 물이 따뜻해질 때, 그 해안가의 빙산들이 지속적으로 녹는다.

원어민은 이렇게!
frigid temperature 몹시 찬 기온

---

frost

frɔ:st

명 서리, 성에

The alpine regions of the mountain range are covered in **frost** and ice all year round.

그 산맥의 알프스 지역은 서리와 얼음으로 일년 내내 덮여 있다.

---

organic

ɔrˈgæn·ɪk

형 유기적인

Layers of **organic** matter accumulated in swampy wetlands, and over millions of years these layers formed coal.

여러 층의 유기 물질이 질퍽질퍽한 습지에 축적되었으며, 수백 만년에 걸친 이러한 층은 석탄을 형성했다.

토플이 좋아하는 전공 기초 지식
높은 온도와 습한 환경에서는 유기물의 분해 과정이 더욱 가속화되며, 이는 토양에 빠르게 스며들게 된다.

노트테이킹은 이렇게!
[키워드] 키워드일 확률이 높아 반드시 full spelling으로 작성한다.

---

erode

ɪˈroʊd

동 침식하다

Over an immense length of time, wind, ice, and water will **erode** the mountain peaks to flat plateaus.

엄청나게 오랜 시간에 걸쳐, 바람과 얼음, 그리고 물이 그 산 정상을 침식시켜 평평한 고원으로 만들 것이다.

토플이 좋아하는 전공 기초 지식
흥미로운 모양을 가진 바위들은 대부분 수천 년에 걸친 침식(erosion) 및 풍화(weathering) 작용이 만들어낸 결과물이라고 볼 수 있다.

Speaking & Writing

excavate

'ek·skə‚veɪt

⑧ ~을 파내다, (파내어) 발굴하다

A tunnel was **excavated** through the mountain so that geologists could observe the stratified layers of rock.

지질학자들이 성층화된 바위층들을 관찰할 수 있도록 그 산을 통과하는 터널이 뚫렸다.

노트테이킹은 이렇게!

축약 위 단어는 'exca-' 까지만 필기한다.

harsh

harʃ

⑧ 가혹한

Animals native to the Arctic tundra have special adaptations that allow them to survive the **harsh** conditions of the environment.

북극 툰드라 토착 동물들은 가혹한 환경 조건에서 생존할 수 있게 해주는 특별한 적응 능력을 지니고 있다.

기출빅데이터가 알려주는 출제포인트

극단적이고 가혹한 더위나 추위를 설명하는 내용이 스피킹과 라이팅의 인트로 부분에 주로 등장하며 이는 정답과 연결되는 것이 일반적인 출제 패턴이다. 따라서 반드시 노트테이킹해두도록 한다.

노트테이킹은 이렇게!

키워드 키워드일 확률이 높아 반드시 full spelling으로 작성한다.

crevice

'krev·ɪs

⑧ 갈라진 틈, 균열

A **crevice** along a rock wall will widen as water seeps into it and freezes.

암벽 사이의 틈은 물이 그 사이로 스며들어 얼면서 넓어진다.

원어민은 이렇게!

land in crevice (씨앗 등이) 틈에 안착하다

노트테이킹은 이렇게!

키워드 키워드일 확률이 높아 반드시 full spelling으로 작성한다.

explore

ɪkˈsplɔːr

exploration ⑲ 탐험

Geologists also **explore** deep ocean trenches to learn more about the forces influencing plate tectonics.
지질학자들은 또한 판구조론에 영향을 미치는 힘에 대해 더 많은 것을 알아내기 위해 깊은 해구도 탐사한다.

원어민은 이렇게!

explore the idea 생각을 탐구하다
an expedition to explore ~을 탐험할 원정대

토플이 좋아하는 전공 기초 지식

지질학자들은 지층을 연구하기 위해 다양한 방법을 사용하는데, 연대기 순으로 지층을 분석하기에 가장 적절한 방법은 바로 지층 사이에 자리하고 있는 동식물의 화석을 분석하는 것이다.

loose

luːs

loosely ⑲ 헐겁게

⑧ (흙 등이) 단단하지 않은

The **loose** soil makes the area unsuitable for urban development, as there would be a risk of buildings collapsing.
단단하지 않은 토양은 그 지역을 도시 개발에 적합하지 않게 만드는데, 건물 붕괴의 위험이 있을 것이기 때문이다.

Brief Review

✅ 빈칸에 들어갈 알맞은 표현을 박스에서 찾아보세요.

① surface	② explore	③ marsh
④ inhospitable	⑤ frigid	⑥ wane

1. 표면 아래에 beneath the _____

2. 거주할 수 없는 환경 _____ condition

3. 몹시 찬 기온 _____ temperature

4. 의견을 검토하다 _____ the idea

5. 해안습지 coastal _____

6. 흥망성쇠가 있다 wax and _____

✅ 앞서 배운 단어의 뜻을 생각하며 읽어보고 빈칸에 알맞은 단어를 박스에서 찾아보세요.

① crevices	② surface	③ solid	④ organic

[1]Weathering is the process in which **7.** _____ rocks are worn away or broken down. [2]There are several ways weathering occurs: mechanical weathering, **8.** _____ weathering, and chemical weathering. [3]Mechanical weathering physically breaks rocks apart. [4]Water gets into the **9.** _____ of rocks and splits the **10.** _____ as the water freezes and expands. [5]On the other hand, organic weathering happens when plants break the rock. [6]Seeds float into cracks and grow. [7]As the roots extend, the rocks are likely to break apart. [8]Third, chemical weathering changes the molecular structure of rocks. [9]Carbon dioxide from soil combines with water to produce a weak acid that can dissolve rocks and open up huge cracks. [10]Unfortunately, air pollution and fossil fuel burning facilitate the rate of weathering as well.

해석 1 풍화 작용은 **단단한** 바위가 닳거나 부서지는 과정입니다. 2 풍화 작용이 발생되는 여러 방식이 있는데, 기계적 풍화 작용과 **유기적** 풍화 작용, 그리고 화학적 풍화 작용이 있습니다. 3 기계적 풍화 작용은 물리적으로 바위가 쪼개지는 것입니다. 4 물이 바위 **틈**으로 들어가 얼고 팽창하면서 **표면**을 분리시킵니다. 5 반면에, 유기적 풍화 작용은 식물이 바위를 분리시킬 때 발생됩니다. 6 씨앗이 바위의 틈새로 흘러 들어가 자라게 됩니다. 7 뿌리가 자라면서 바위가 분리될 가능성이 있습니다. 8 세 번째로, 화학적 풍화 작용은 바위의 분자 구조를 변화시킵니다. 9 토양 속의 이산화탄소가 물과 결합해 바위를 녹이고 큼직한 틈이 벌어지게 할 수 있는 약한 산을 만들어냅니다. 10 안타깝게도, 대기 오염과 화석 연료의 연소도 풍화 작용의 속도를 촉진시킵니다.

정답
1. ① 2. ④ 3. ⑤ 4. ② 5. ③ 6. ⑥
7. ③ 8. ④ 9. ① 10. ②

DAY 20

Human 인류 & Civilization 문명

dwell
transport
vessel
store
modify
deity
massive
inadequate
shortage
grind
remnant
legislate
primitive
utilitarian
overcome
sophisticated
colonize
weave
desolate
myth

일반 학습 버전

집중 암기 버전

dwell

dwel

dweller ⑲ 거주자, 서식 동물
dwelling ⑲ 주거(지), 주택

⑧ 살다

Early civilizations tended to **dwell** in simple huts constructed from clay and mud.

초기 문명은 점토와 진흙으로 지어진 단순한 오두막 집에서 거주하는 경향을 보였다.

transport

ˈtræn·spɔːrt

⑧ ~을 운송하다

Steamboats allowed goods to be **transported** upriver, which greatly increased the frequency of trading in the western territories.

증기선은 상품이 강 상류로 운송되도록 해주었으며, 이는 서구 지역의 무역 빈도를 크게 높여주었다.

원어민은 이렇게!
transport goods 상품을 운송하다

토플이 좋아하는 전공 기초 지식

강을 활용한 인간의 장거리 이동은 궁극적으로 도시 형성과 문명 전파에 큰 기여를 했다.

노트테이킹은 이렇게!
키워드 키워드일 확률이 높아 반드시 full spelling으로 작성한다.

vessel

ˈves·əl

⑲ 용기

Shards of pottery and earthenware **vessels** made by the Incans were found along the riverside.

잉카 제국 사람들이 만든 도자기와 도기 그릇 파편들이 그 강가를 따라 발견되었다.

토플이 좋아하는 전공 기초 지식

고고학자들은 고대 그릇이 단순한 식사를 위한 것이었는지, 아니면 종교적인 행위를 위한 것이었는지 등과 같이 그릇의 다양한 목적을 파악하기 위해 많은 노력을 기울인다.

노트테이킹은 이렇게!
키워드 키워드일 확률이 높아 반드시 full spelling으로 작성한다.

store
☆☆

stɔr

storage ⑨ 저장고, 보관소

⑧ ~을 저장하다

While some civilizations used canning to preserve and **store** food, others employed various fermentation methods.

일부 문명들이 음식을 보존하고 저장하기 위해 통조림을 이용한 반면, 다른 문명들은 다양한 발효 방식을 활용했다.

많은 문명 사회는 음식물을 장기간 보관하기 위해 여러 가지 방법을 활용했는데, 가장 흔하게 쓰였던 방식은 땅굴을 파서 음식을 보존해 온도를 낮게 유지하는 것이었고, 소금과 같은 향신료를 통해 보존 기간을 조금 더 늘려 나가는 방식도 있었다.

노트테이킹은 이렇게!

키워드 키워드일 확률이 높아 반드시 full spelling으로 작성한다.

---

modify
☆☆

ˈmɑd·əˌfɑɪ

modification ⑨ 수정

⑧ ~을 수정하다

As different civilizations merged through war and trade, cultural practices were often **modified** to reflect aspects of both groups.

서로 다른 문명들이 전쟁과 무역을 통해 통합되면서, 문화적 관행들은 흔히 양측의 요소들을 반영하기 위해 변경되었다.

노트테이킹은 이렇게!

키워드 키워드일 확률이 높아 반드시 full spelling으로 작성한다.

---

deity
☆

ˈdi·ɪ·ti

⑨ 신

Stone and wooden figures recovered from around the ruins depict various **deities** worshipped by the Incas.

그 폐허 주변에서 찾아낸 돌 형상과 목각 형상들은 잉카 제국 사람들이 숭배했던 다양한 신들을 묘사하고 있다.

원어민은 이렇게!

Ancient Greek deities 고대 그리스 신들

★★★ massive

ˈmæs·ɪv

거대한

Hunters could get a lot of food by targeting **massive** creatures such as sea cows.

수렵꾼들은 바다소와 같이 거대한 생물을 표적으로 삼음으로써 많은 양의 식량을 얻을 수 있었다.

원어민은 이렇게!
a massive creature 거대한 생물
on a massive scale 큰 규모로

토플이 좋아하는 전공 기초 지식

수렵 채집 사회에서는 거대한 동물 하나만 잡으면 오랜 시간 식량을 확보할 수 있었기 때문에 동굴 벽에 그들이 사냥하고자 하는 큰 동물을 그려 소원을 빌곤 했다.

노트테이킹은 이렇게!
키워드 키워드일 확률이 높아 반드시 full spelling으로 작성한다.

★★★ inadequate

ɪnˈæd·ɪ·kwət

형 불충분한

The poor harvest was **inadequate** for sustaining the city's population, so the people suffered from a lasting famine.

저조한 수확량은 그 도시의 인구를 유지하는 데 불충분했기 때문에, 그곳 사람들은 지속되는 기근으로 고통받았다.

노트테이킹은 이렇게!
부정어 in은 부정어이므로 X를 활용해 다음과 같이 필기한다.
-ade X

★★★ shortage

ˈʃɔr·tɪdʒ

명 부족

Another threat that human civilization is likely to face in the next century is a **shortage** of fresh water sources.

다음 세기 동안 인간 문명이 직면할 가능성이 있는 또 다른 위협은 깨끗한 수자원의 부족이다.

노트테이킹은 이렇게!
축약 위 단어는 'short-' 까지만 필기한다.

grind

graɪnd

⑧ ~을 갈다

After harvesting the wheat, farmers would **grind** it into flour.
밀을 수확한 후, 농부들은 그것을 갈아 밀가루로 만들곤 했다.

노트테이킹은 이렇게!
[키워드] 키워드일 확률이 높아 반드시 full spelling으로 작성한다.

remnant

'rem·nənt

⑱ 나머지, 유물

Some psychologists suggest that common phobias, such as a fear of spiders or snakes, are **remnants** from our pre-civilization survival instincts.
일부 심리학자들은 거미나 뱀 등에 대한 흔한 공포증은 문명 시대 이전에 우리가 갖고 있던 생존 본능의 잔존물이라고 주장한다.

원어민은 이렇게!
last remnants of ~의 최후 잔재

legislate

'ledʒ·əs‚leɪt

legitimate ⑲ 정당한, 합법적인

⑧ 법률을 제정하다

Another sign of progress in early civilizations was the various attempts at **legislating** a comprehensive body of laws.
초기 문명 국가들에게 있었던 또 다른 발전의 흔적은 종합적인 법전을 제정하기 위한 다양한 시도였다.

primitive

'prɪm·ɪ·tɪv

⑲ 원시 사회의, 원초적인

Sharpened stones and other **primitive** tools were excavated from the dig site.
날카롭게 깎은 돌과 다른 원시 도구들이 그 유적지에서 발굴되었다.

원어민은 이렇게!
a primitive system 원시적인 방식

utilitarian

ju:ˈtɪl·əˈter·i·ən

옝 실용적인

The ancient city was designed to be **utilitarian** rather than aesthetic and featured several innovations in traffic control and waste management.

그 고대 도시는 심미적인 것이 아니라 실용적이도록 고안되었으며, 교통 통제와 쓰레기 관리에 있어 여러 혁신적인 요소들을 특징으로 했다.

원어민은 이렇게!
utilitarian buildings 실용적인 건물
utilitarian purpose 실용적 목적

기출빅데이터가 알려주는 출제포인트

토플에서 디자인이 실용적인 것은 심미적인(aesthetic) 것과 대조되는 의미로 자주 등장한다. 예를 들어, 실용적인 건물이라고 하면 심미적이지 않은 건물이라는 의미를 지닐 수도 있으므로 문맥에 주의한다.

노트테이킹은 이렇게!
축약 위 단어는 'utili-' 까지만 필기한다.

overcome

ˌoʊ·vərˈkʌm

옝 ~을 극복하다

Improvements in agriculture allowed early civilizations to **overcome** difficulties with limited food supplies.

농업의 향상은 초기 문명 국가들이 제한된 식량 공급 문제를 극복할 수 있게 해주었다.

원어민은 이렇게!
overcome obstacles 방해물을/장애를 극복하다

노트테이킹은 이렇게!
키워드 키워드일 확률이 높아 반드시 full spelling으로 작성한다.

sophisticated

səˈfɪs·tɪˌkeɪ·tɪd

옝 세련된, 정교한

As the understanding of agriculture became more **sophisticated**, the rules of land ownership were also changed to better benefit farmers.

농업에 대한 이해가 더욱 수준 높아지면서, 토지 소유에 대한 규칙들 또한 농부들에게 더 나은 혜택을 주기 위해 변경되었다.

원어민은 이렇게!
sophisticated approach 정교한 접근
sophisticated weapon 정교한 무기

colonize

ˈkɑː·lə·naɪz

~를 정복하다

By 1900, most of Africa had been **colonized** by the European world powers.

1900년경에, 아프리카 지역 대부분이 유럽 강대국들에 의해 식민지가 되었다.

토플이 좋아하는 전공 기초 지식

일부 문명 중에서 배를 만들고 항해하는 능력을 갖춘 사람들은 그들이 가진 지역적 한계를 넘어 다른 지역을 식민지화하거나 시장을 확장할 수 있었다.

weave

wiv

동 (옷감, 바구니등) ~을 짜다, 엮다

Early communities were **weaving** baskets before the invention of pottery, but little evidence remains since the materials naturally decay.

초기의 인류는 도자기 발명 전에 바구니를 엮어서 만들었지만, 그 재료가 자연적으로 부식되는 것이기 때문에 이에 대한 증거는 거의 남아 있지 않다.

원어민은 이렇게!

weave clothes 옷을 짜다

노트테이킹은 이렇게!

키워드 키워드일 확률이 높아 반드시 full spelling으로 작성한다.

desolate

ˈdes·ə·lət

형 황량한

As animal herds migrated, the settlers were left with fewer resources for survival in the **desolate** environment.

동물 무리들이 이주하면서, 정착민들에게는 황량한 환경 속에서 생존에 필요한 자원이 더 적게 남겨졌다.

원어민은 이렇게!

desolate landscapes 황폐화된 지역

myth

mɪθ

mythical 형 신화에 나오는, 사실이 아닌

명 신화, 미신

The origins of great civilizations were usually **myths** that helped define the cultural character of the people.

위대한 문명 사회들의 기원은 일반적으로 그곳 사람들의 문화적 특징을 정의하는 데 도움을 준 미신들이었다.

DAY
20

Speaking & Writing

Brief Review

✔ 빈칸에 들어갈 알맞은 표현을 박스에서 찾아보세요.

① overcome	② sophisticated	③ transport

1. 정교한 무기 _____ weapon
2. 방해를 극복하다 _____ obstacles
3. 물건을 운송하다 _____ goods

✔ 앞서 배운 단어의 뜻을 생각하며 읽어보고 빈칸에 알맞은 단어를 박스에서 찾아보세요.

① dwelling	② overcome	③ sophisticated	④ shortages

[1]Early civilizations grew on the banks or valleys of rivers for a number of reasons. [2]First, a river gave the society a reliable source of water for agriculture. [3]The steady growth of the human population required a corresponding increase in food. [4]In addition, water **4.** _____ were among the most serious threats that people had to face. [5]However, water and fertile soil enabled people to **5.** _____ this problem and to develop **6.** _____ irrigation systems to grow excess crops. [6]Furthermore, rivers allowed for easier travel and transport of goods. [7]Trade facilitated the growth of the civilization's economy, and rivers played a significant role in trade. [8]People were able to build boats and move people and goods. [9]People **7.** _____ in remote areas could travel great distances on a boat and engage in economic activities.

> **해석** 1 초기 문명 사회는 여러 가지 원인으로 강둑이나 골짜기에서 발달되었습니다. 2 우선, 강이 농업에 필요한 믿을 만한 수원이 되어 주었습니다. 3 인구 수의 지속적인 증가는 그에 상응하는 음식양의 증가를 요했습니다. 4 게다가, 물 **부족** 문제는 사람들이 직면해야 했던 가장 심각한 위협들 중의 하나였습니다. 5 하지만, 물과 비옥한 토양은 사람들에게 이러한 문제를 **극복할** 수 있게 해주었고, **정교한** 관개 시스템을 개발해 초과 작물을 재배할 수 있게 해주었습니다. 6 더욱이, 강은 상품의 더 수월한 이동과 운송을 가능하게 해주었습니다. 7 무역은 문명 사회의 경제 성장을 촉진시켰고, 강은 무역에 있어 중요한 역할을 했습니다. 8 사람들은 배를 만들어 사람과 상품을 실어 나를 수 있었습니다. 9 외딴 지역에 **거주하던** 사람들은 배를 타고 먼 거리를 이동하면서 경제 활동에 참여할 수 있었습니다.

정답

1. ② 2. ① 3. ③
4. ④ 5. ② 6. ③ 7. ①

Index

cynical 124

시원스쿨LAB 강사 라인업

20년 노하우의 토플/아이엘츠/듀오링고/SPA/토익/토스/오픽/텝스/지텔프
기출 빅데이터 심층 연구로 빠르고 효율적인 목표 점수 달성을 보장합니다.

시험영어 전문 연구 조직

시원스쿨어학연구소

 시험영어 전문

 기출 빅데이터

 264,000시간

TOEFL/IELTS/Duolingo/
TOEIC/TOEIC Speaking/
TEPS/ OPIc/G-TELP/SPA
공인 영어시험 콘텐츠 개발 경력
20년 이상의 국내외 연구원들이
포진한 전문적인 연구 조직입니다.

본 연구소 연구원들은
매월 각 전문 분야의
시험에 응시해 시험에 나온
모든 문제를 철저하게 해부하고,
시험별 기출문제 빅데이터 분석을
통해 단기 고득점을 위한
학습 솔루션을 개발 중입니다.

각 분야 연구원들의 연구시간
모두 합쳐 264,000시간
이 모든 시간이 쌓여
시원스쿨어학연구소가
탄생했습니다.

토플 개정 도서&인강 업데이트 완료
사자마자 50% 환급, 최대 300% 환급까지!

300%
시원스쿨 토플 환급반
SIWONSCHOOL LAB

• benefit01 •
50%
출석 NO 성적 NO
사자마자 현금 환급

*환급조건 : 성적표 제출 및 후기 작성 등
제세공과금&교재비 제외, 유의사항 참고

• benefit02 •
300%
미션 성공하면
최대 300% 현금 환급

*제세공과금 부담. 교재비 제외,
미션 유의사항 참고, 구매상품에 따라 다름

• benefit03 •
교재 7권
레벨 맞춤 교재
최대 7권 포함

*구매 상품에 따라 다름

목표 달성 후기가 증명합니다
고민하지 말고 지금 시작하세요!

류형진 선생님 강의
듣고 110점 맞았습니다!
수강생 강*희

특히 라이팅 부분은 많은 주제를 써보는 것이 유리합니다. 이번
시험에 황당한 주제를 받아서 당황했지만 선생님께서 알려주신
**브레인스토밍 기법으로 어느 방향으로 쓰는 것이 쉬운지 먼저
파악했고** 다른 주제들에서 사용했던 아이디어들을 잘 응용해서
다행히 잘 썼습니다.
나름 명문대를 다니고 있지만 주변 친구들 중 100점 넘는 친구를
거의 못 봤습니다. 이번에 **단기간에 목표 점수를 잘 받아서** 내년에
괜찮은 영어권 대학교 교환학생을 갈 수 있게 됐습니다.

Listening Lecture 6개 중
4개 틀리던 제게 희망을!
수강생 정*연

영어를 5분 이상 듣는 것조차 너무 스트레스였고, 리스닝은
한 번에 늘지 않는다는 것에 절망했습니다. 하지만, 레이첼 쌤과
함께 수업을 하고 정답률이 많이 높아졌습니다.

리스닝을 구조화해서 노트테이킹 하는법을 배웠고, 이는 내가
100% 이해하지 않아도 "이부분에서 이러한 이야기가 나왔으니
이게 정답이겠다"라는 생각으로 문제를 풀 수 있었습니다.
덕분에 2주만에 리스닝 6점이 올랐습니다.

히트브랜드 토익·토스·오픽 인강 1위
시원스쿨LAB 교재 라인업
*2020-2024 5년 연속 히트브랜드대상 1위 토익·토스·오픽 인강

시원스쿨 토익 교재 시리즈

	왕초보 입문	650+ 기본	750+ 중급	850+ 정규	950+ 실전
기본서 보카 실전모의고사	시원스쿨 처음토익 550+ / 시원스쿨 처음토익 기출 VOCA	시원스쿨 기본토익 700+ / 시원스쿨 토익 750+		시원스쿨 실전토익 900+ / 시원스쿨 토익 실전 모의고사	시원스쿨 토익 실전 1500제 LC / RC
전략서	시원스쿨 구문 독해 / 시원스쿨 처음토익 기초영문법 / 시원스쿨 처음토익 PART 7	승무원 토익 700+ / 기출 문법 공식 119 / Part 7 필수 전략서 / 토익 기본서 압축노트 RC+LC		시원스쿨 토익 기출VOCA 학습지	시원스쿨 토익학습지 기본편 / 시원스쿨 토익학습지 실전편

시원스쿨 토익스피킹, 듀오링고, 오픽, SPA 교재 시리즈

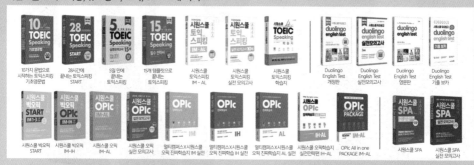

10가지 문법으로 시작하는 토익스피킹 기초영문법 · 28시간에 끝내는 토익스피킹 START · 5일 만에 끝내는 토익스피킹 · 15개 템플릿으로 끝내는 토익스피킹 · 시원스쿨 토익스피킹 IM - AL · 시원스쿨 토익스피킹 실전 모의고사 · 시원스쿨 토익스피킹 학습지 · Duolingo English Test 개정판 · Duolingo English Test 실전모의고사 · Duolingo English Test 영문판 · Duolingo English Test 기출 보카

시원스쿨 빅오픽 START IM 1-3 · 시원스쿨 빅오픽 IM-IH · 시원스쿨 오픽 IM-AL · 시원스쿨 오픽 실전 모의고사 · 멀티캠퍼스X시원스쿨 오픽 진짜학습지 IM 실전 · 멀티캠퍼스X시원스쿨 오픽 진짜학습지 IH 실전 · 멀티캠퍼스X시원스쿨 오픽 진짜학습지 AL 실전 · 시원스쿨 오픽학습지 실전전략판 IH-AL · OPIc All in one PACKAGE IM-AL · 시원스쿨 SPA · 시원스쿨 SPA 실전 모의고사

시원스쿨 아이엘츠 교재 시리즈

IELTS Study Pack · 아이엘츠 MASTER · 아이엘츠 기출 VOCA

시원스쿨 토플 교재 시리즈

시원스쿨 TOEFL Basic · 시원스쿨 TOEFL Intermediate · 시원스쿨 TOEFL Actual Tests · 시원스쿨 TOEFL 기출 VOCA · 시원스쿨 TOEFL Speaking · 시원스쿨 TOEFL Writing · 시원스쿨 TOEFL Listening · 시원스쿨 TOEFL Reading

시원스쿨 지텔프 교재 시리즈

지텔프 기출문제집 공식 기출 7회분 · 지텔프 기출문법 · 지텔프 기출VOCA · 지텔프 기출독해 · 지텔프 기출청취 · 시원스쿨 지텔프 최신 기출 유형 문법 모의고사 · 시원스쿨 지텔프 32-50 · 시원스쿨 지텔프 65+

시원스쿨 텝스 교재 시리즈

시원스쿨 텝스 Basic · 시원스쿨 텝스 정해 · 시원스쿨 텝스 어휘·문법 · 시원스쿨 텝스 독해 · 뉴텝스 서울대 공식 기출문제집